À qui profite le clic ?

Valérie-Laure Benabou
Judith Rochfeld

À qui profite le clic ?

Le partage de la valeur à l'ère du numérique

Odile Jacob

Collection Corpus
dirigée par
Thomas Clay et Sophie Robin-Olivier

15, rue Soufflot, 75005 Paris

www.odilejacob.fr

ISBN : 978-2-7381-3264-2

Avant-propos

La collection à laquelle appartient ce livre est née d'un constat : en France, en dépit d'une judiciarisation croissante de la société, le droit n'a toujours pas trouvé sa place dans le débat public. La demande de droit est aussi forte que le questionnement du droit est faible. Pouvoir reconnu à la loi d'un côté, ignorance du droit, de la manière dont il se forme, des forces qui le nourrissent, de l'autre. Ce n'est un paradoxe qu'en apparence : notre rapport au droit est le fruit d'une conception réductrice du rôle qu'il remplit dans notre pays, conception que d'autres grandes démocraties ne partagent pas et qui s'en portent mieux.

Le droit est trop souvent perçu comme une discipline technique, aride, réservée à une catégorie d'experts, magistrats, avocats ou universitaires. La responsabilité de ce constat sévère revient en grande partie aux juristes eux-mêmes : souvent confinés dans leurs cercles, usant d'une langue qu'ils sont les seuls à comprendre, toisant parfois de haut les choses de la cité, ils se sont laissé déposséder de l'analyse des questions juridiques dans le champ social. D'autres intellectuels s'en saisissent, qui, pour n'être pas juristes, n'ont pas les mêmes préventions à s'emparer du débat public, voire à s'aventurer dans un domaine qui leur est étranger. À l'heure où l'influence du droit sur l'ensemble des rapports sociaux se fait de plus en plus prégnante et où la société se judiciarise, cette défection des juristes interpelle.

D'autant que, derrière les questions de droit, ce sont des enjeux de société qui sont en cause. On ne voit pas assez – sans doute parce qu'on ne le montre pas assez – que les choix juridiques sont politiques, au sens le plus noble. Ces choix de société doivent être décryptés au prisme du droit qui les façonne. Que l'on recodifie le droit des contrats, que l'on invente un nouveau préjudice « écologique », que le Conseil constitutionnel change son interprétation d'une disposition de notre Constitution, que le Conseil d'État modifie la portée d'une liberté fondamentale, que la Cour de cassation définisse la laïcité, que l'Union européenne pose une nouvelle catégorie de citoyens, que les notions juridiques d'étranger, de salarié ou d'entreprise soient réformées, chaque fois ce ne sont pas des changements anecdotiques mais des décisions essentielles dont les fondements et les enjeux doivent être démystifiés, car ils touchent directement le plus grand nombre.

Il nous faut décoder la norme juridique pour interpréter la geste politique et pour comprendre l'incidence sociale des évolutions du droit, non seulement quand elles se produisent, mais aussi quand elles sont empêchées. Les juristes doivent tisser le lien entre le fait politique et sa traduction juridique, et inversement.

À une conception du droit, comme savoir technique accessible aux seuls experts capables d'inventer des solutions indiscutables, nous souhaitons opposer l'idée du droit pour ce qu'il est le plus souvent : une source inépuisable de débats et le fruit de nos choix de citoyens, français et européens, une arme avec laquelle on agit, une méthode par laquelle on raisonne, une langue dans laquelle on pense, d'une manière riche et singulière.

Les ouvrages publiés dans la collection Corpus[1] sont ceux des professeurs de droit associés dans le cabinet Corpus Consultants, tous agrégés de droit, et tous impliqués dans le débat citoyen. Créé en 2011 par Robert Badinter, ce cabinet d'un genre nouveau a été conçu par son éminent fondateur, incarnation vivante du droit et de la justice, pour répondre à la complexité et à l'interdisciplinarité croissantes des questions juridiques. Il se veut capable de fournir une étude technique de haut niveau. Dans le prolongement des discussions auxquelles les questions soumises par les professionnels du droit au cabinet donnent lieu, ses membres ont souhaité apporter leur contribution à l'émergence d'une

1. Voir liste en fin de volume.

analyse juridique engagée, qui soit diffusée largement, sur les grands sujets qui traversent notre société. Il faut y voir une manière de sortir de l'univers des jurisconsultes pour parler du droit autrement, en récusant le préjugé que les solutions juridiques sont neutres et désincarnées.

Par-delà cette démarche commune, chacun des ouvrages exprime les idées de leurs seuls auteurs. Nul consensus, nulle pensée unique, mais des propos qui engagent leur signataire et qui visent à éclairer les lecteurs. Valérie-Laure Benabou et Judith Rochfeld en font la démonstration sur un sujet d'une brûlante actualité : la récupération et l'exploitation, très lucrative, par quelques grands opérateurs économiques, des données concernant les utilisateurs d'Internet et des contenus qu'ils génèrent. Au-delà de la description, au demeurant fort utile, d'une situation qui mérite d'être mieux perçue et mieux comprise, leur ouvrage envisage les moyens juridiques d'une plus juste répartition.

Les livres de la collection se veulent accessibles, c'est pourquoi ils sont courts et rejettent la langue technique parfois absconse pour emprunter celle du débat public. Ils portent non seulement le point de vue des juristes, mais aussi une perspective plus large de la manière dont le droit envisage et modèle notre réalité ; ils manifestent une conception du droit qui n'est pas « hors sol », mais au contraire enracinée dans notre monde. Quant aux sujets, ils ont vocation à permettre aux lecteurs d'entrer de plain-pied dans l'actualité, tout en tirant profit du recul et des qualités pédagogiques des professeurs de droit que sont les auteurs.

Cette collection est une entreprise nouvelle dans le paysage éditorial français. Nous souhaitons qu'elle soit l'occasion de multiplier des échanges et des discussions échappant à la pensée préfabriquée sur le droit et ses évolutions. Qu'elle contribue à faire du droit une arme pour lutter contre les préjugés. Que le droit nourrisse une culture commune qui, mieux partagée, ne se réduise pas à des simplifications dangereuses. Tels sont les vœux que nous formons et auxquels cette nouvelle collection veut répondre. À vous de juger.

Thomas Clay
Codirecteur de la collection
Associé-gérant de Corpus Consultants

Sophie Robin-Olivier
Codirectrice de la collection

Sommaire

SECONDE PARTIE

Comment organiser le partage de la valeur sur Internet ?

Introduction

2014 : trente ans après 1984, que George Orwell datait comme l'horizon de son cauchemar sécuritaire, et quarante ans avant 2054, autre échéance fictive du *Minority Report* de Philip K. Dick, adapté au cinéma par Steven Spielberg. Avec un peu de retard ou un peu d'avance, c'est selon, la société de surveillance généralisée et la prédictibilité des comportements décrites dans ces romans d'anticipation sont devenues notre réalité quotidienne. Deux exemples parmi mille l'attestent. Comme dans *Minority Report*, la police de Santa Cruz se sert d'un algorithme qui, à partir de huit années de statistiques criminelles, lui permettrait de prévoir quand et où certaines infractions répertoriées (le vol notamment) seront commises. Elle pourrait ainsi envoyer des forces de l'ordre sur le terrain, de façon ciblée, et prévenir, dans un pourcentage non négligeable de cas, la commission de l'infraction en question. L'existence du programme PRISM, c'est-à-dire de la mise sur écoute et du suivi des communications électroniques de milliers de citoyens européens par la National Security Agency américaine (NSA), a révélé l'alliance entre pouvoirs publics et grands opérateurs privés, ligués dans un espionnage massif des citoyens et même de chefs d'État étrangers.

Les révélations des lanceurs d'alerte tel Edward Snowden sur les dérives liberticides de ces pratiques appellent une prise de conscience sociale profonde des dangers qu'une telle surveillance comporte[1]. La tension classique entre sécurité et liberté atteint ici des dimensions inédites qui justifieraient sans doute qu'on leur consacrât un ouvrage. Mais cela a déjà été fait[2] et il sera ici question d'une autre problématique, en apparence moins polémique, mais tout aussi cruciale : celle de la valeur sur Internet, et de la manière de la partager. Car Internet ne se contente pas d'être un réseau d'intelligences connectées : il est devenu, en quelques années, un marché planétaire d'échanges économiques, dont les caractéristiques déterminent les comportements des acteurs/agents. La surveillance ne poursuit pas seulement des visées sécuritaires : elle sert aussi, et peut-être davantage encore, les intérêts des marchands[3].

1. Sur les lanceurs d'alerte, voir récemment : W. Bourdon, *Petit manuel de désobéissance citoyenne*, J.-C. Lattès, 2014.

2. Par exemple, J. Assange, *Menaces sur nos libertés. Comment Internet nous surveille*, Robert Lafont, 2013.

3. D'après Richard Stallman, père du logiciel libre : « Tant que les grandes entreprises domineront la société et écriront les lois, chaque

Ainsi, quand Facebook propose de renseigner les cases « opinions politiques » ou « croyances religieuses » de votre profil, ce n'est pas, au premier chef, pour pister une appartenance à un mouvement radical ou repérer un terroriste potentiel, même si ces informations pourront éventuellement être communiquées à ces fins[4]. C'est, beaucoup plus sûrement, pour placer une page de publicité correspondant aux « appétences » et « affinités » d'une « cible », ou encore pour capitaliser ses données en les vendant à une autre entreprise. Les mouchards sont cachés à chaque étape de la navigation. Ils prennent la forme des *cookies*, dont le nom de friandise[5] cache en réalité des petits bouts de code qui gardent la mémoire des faits et gestes de chacun accomplis sur Internet. En trois clics sur Priceminister, par exemple, plus de 100 cookies sont collectés : 44 cookies provenant de 14 agences spécialisées lorsqu'on visite la page d'accueil du site ; 22 nouveaux cookies à partir de la

---

avancée ou chaque changement de la technologie seront pour elles une bonne occasion d'imposer des restrictions ou des nuisances supplémentaires à ses utilisateurs. » La loi de Stallman, 2014 : https://www.gnu.org/philosophy/stallmans-law.en.html.

4. En 2003, la société de e-marketing Acxiom, dont le chiffre d'affaires est aujourd'hui évalué à 1,2 milliard d'euros, a vendu au Pentagone des informations sur des millions de personnes.

5. *Le Monde*, 10 avril 2014, « Comment notre ordinateur nous manipule », http://www.lemonde.fr/technologies/article/2014/04/10/big-brother-ce-vendeur_4399335_651865.html#xtor=AL-32280270. Le nom de *cookie* vient de ce que ces petits gâteaux étaient distribués au moment de l'addition dans les restaurants.

page d'un produit consulté ; 42 cookies provenant de 28 sources pour le clic sur la photo du produit convoité... Tous nos comportements sur Internet sont répertoriés, inventoriés et nous collent à la peau lors de nos navigations ultérieures.

Mais avons-nous tous conscience qu'il devient possible, au vu des traces que laisse notre « double numérique » ou « avatar » sur la Toile, de prédire nos comportements ? Toutes ces informations permettent, passées au crible du *Big analysis* – c'est-à-dire de l'analyse de données à très grande échelle –, de dessiner des comportements types par croisement de plusieurs critères. On en arrive ainsi, sur le fondement de statistiques induites de l'analyse d'un nombre considérable de données, à pouvoir identifier des personnes obèses, par exemple, selon leur propension à acheter certains produits. Cette information transformée va servir à quelques agents économiques pour vendre des produits ou services ciblés. Mais elle pourrait encore, si elle était librement accessible, influer sur le choix d'un banquier d'octroyer un prêt ; d'un assureur d'assurer un risque ; ou encore d'un employeur de décider d'une embauche. L'intérêt économique des uns contre la survie (économique et sociale) des autres...

Sans parler de méthodes plus intrusives encore, consistant à scanner le contenu des courriels à la recherche de mots clés qui, habilement croisés avec d'autres données, dessineront le profil type permettant à l'opérateur de service de messagerie d'envoyer de la publicité contextuelle...

Un peu comme si, parce que l'émetteur n'avait pas payé le timbre, le facteur décachetait le courrier pour le lire et mettre une publicité ciblée dedans avant de restituer la lettre au destinataire après l'avoir copiée… En dépit des discours angéliques sur le pacte tacite entre l'internaute et les opérateurs de l'Internet, le fait que l'individu, perdu au milieu de labyrinthiques « conditions générales d'utilisation » (CGU) aussi longues qu'imperméables, ait éventuellement consenti à livrer ses données n'obère nullement le risque de manipulation des consciences, qui se fait insidieux.

Le phénomène est d'autant plus remarquable qu'Internet est incessamment vanté comme le royaume de la gratuité et de l'échange. Gratuit, vous avez dit gratuit ? Réseaux sociaux, jeux, moteurs de recherche… gratuits ? Plates-formes de contenus, blogs, forums… gratuits ? La réalité est plus ambiguë. Tous les intermédiaires qui offrent des services dits gratuits se financent, en réalité, par des transactions sur les données et informations relatives au comportement des usagers lors de leur navigation. Un fichier de mille personnes contenant des données de base est vendu en moyenne 60 centimes, mais le prix peut grimper à 250 euros pour des profils détaillés (ce sera le cas, par exemple, pour une liste d'adultes obèses ayant déjà acheté des produits amincissants). Ainsi la production de l'information pertinente peut-elle, à l'insu de l'individu qui en est à l'origine, dégager des profits colossaux. « Si c'est gratuit, vous êtes le produit », martèle un traditionnel mantra de l'économie numérique, récemment repris par UFC-Que Choisir ? pour dénoncer l'usage fait des données personnelles par les GAFA (Google, Apple, Facebook et Amazon ; qui se prolongent en GAFTAM désormais en incluant Twitter et Microsoft).

Les GAFA, c'est 300 milliards de dollars de chiffre d'affaires annuel en 2013 ; c'est plus de 800 milliards cumulés en Bourse. À l'horizon 2020, on estime à 1 000 milliards d'euros, soit à 8 % du PIB européen, la valeur produite par les données en Europe. Le modèle d'affaires, l'« or noir » de l'Internet, c'est le *data to value* : rassembler les informations numériques laissées dans le sillage de la navigation ; réaliser des sociotypes des internautes ; les cribler de manière permanente de messages publicitaires pour, ultimement, déclencher le clic d'achat. Plus d'un milliard de bannières publicitaires *par jour* sont livrées aux sites du monde entier par Criteo, la start-up française au 200 000 % de croissance en cinq ans.

La collecte des données n'est qu'une illustration parmi d'autres des mécanismes de production de richesse auxquels Internet nous a habitués. Certes, cette création de valeur se trouve aujourd'hui contestée, d'aucuns augurant l'explosion de cette nouvelle bulle, spéculative et creuse : la publicité ciblée ne serait pas aussi efficace que l'on a pu le penser. Quand bien même, de façon générale et selon l'expression de Schumpeter, il s'agit de phénomènes de destruction créatrice, car la naissance de ces nouveaux acteurs économiques rentables s'accompagne de la disparition programmée des anciens foyers de production. La valeur n'est plus nécessairement là où elle se trouvait : les informations de tous ordres ne sont pas toujours valorisées en tant que telles mais ont une importance stratégique ; elles sont devenues des moyens de capter l'attention de l'internaute le plus longtemps possible. Qu'importe l'œuvre ou le discours, il est question d'attirer, de naviguer, de lier, d'hypertextualiser pour conserver l'individu, réduit à sa dimension de prospect, dans l'orbite d'influence des opérateurs susceptibles de monétiser cette attention.

L'ensemble de ces bouleversements fait que des gains « traditionnels » ne vont plus à leurs anciens bénéficiaires, tandis que de nouvelles valeurs ne profitent pas à ceux qui en sont à l'origine. Par exemple, les « créateurs » de contenus (œuvres) voient leur profit remis en question ; les internautes ne touchent rien sur les utilisations de leurs données (individuellement, ces données ne valent presque rien d'ailleurs), pas plus que les collaborateurs d'œuvres contributives, alors même que certaines d'entre elles peuvent générer des profits importants. À leur place, ce sont d'autres acteurs qui empochent la mise : des intermédiaires numériques dont la puissance économique est devenue incommensurable. De « nouveaux » venus, tels les moteurs de recherche, s'y taillent même la part du lion. Google a ainsi réalisé, en 2013, 60 milliards de dollars de recettes et 13 milliards de dollars de bénéfice, soit 20 % de plus que l'année passée ; sa profitabilité ne cesse de croître, en relation avec la variété des services offerts (liens commerciaux, réseau social, Cloud, etc.). Amazon, quant à lui, a vu son chiffre d'affaires atteindre 74,4 milliards de dollars en 2013, en hausse de 22 % par rapport à 2012 quand, parallèlement, des chaînes de librairies ou de disquaires mettent la clé sous la porte dans le monde entier.

L'émergence de ces centres de profits sur Internet engage une véritable lutte pour le contrôle et le partage de la valeur qui dépasse l'univers numérique : par exemple, la valeur des créations de l'esprit passe progressivement des mains des créateurs et des producteurs à celles de ces intermédiaires d'un genre nouveau, non impliqués dans le circuit de redistribution relevant du système du droit d'auteur. La valeur des données des internautes échappe en tout ou partie à ceux qui en sont la source. Pis : l'économie collaborative, qui résulte de la mise en commun de ressources et d'efforts (financement participatif et œuvres ou logiciels collaboratifs notamment), voit parfois ses bénéfices récupérés par des agents économiques cyniques, totalement étrangers à l'idéologie de partage altruiste qui sous-tend cet écosystème. On assiste donc à un fantastique déplacement de valeur.

Doit-on, dès lors, constater passivement cette reconfiguration qui s'impose par la force du marché et attendre, impuissants, que soient irrémédiablement englouties dans cet ouragan les valeurs sociales de l'autodétermination des individus, de la préservation de l'intimité et de la diversité culturelle ? N'est-il pas, au contraire, nécessaire et urgent d'évaluer le phénomène au regard des intérêts divers qui, dans notre société, méritent protection ? Envisagée au prisme de ces enjeux, l'analyse du partage de la valeur sur Internet consiste à mettre au jour la place que l'individu occupe aujourd'hui dans la société numérique, à la croisée de ses qualités de citoyen, d'agent productif et de consommateur. Elle implique également de dégager des propositions de rééquilibrage qui réinscrivent le droit, face à cette distribution de la valeur, dans son rôle de gardien des valeurs.

PREMIÈRE PARTIE

Où est la valeur sur Internet ?

Internet est un espace paradoxal. Son histoire en témoigne : né d'un projet militaire américain, il est progressivement devenu une zone de liberté et d'expression personnelle déconnectée des souverainetés étatiques et se revendique comme telle. La valeur, nous dit-on, se situe non pas au centre mais à la périphérie. L'architecture même d'Internet, à savoir le protocole TCP/IP (client/serveur), autorise la décentralisation des liaisons entre les internautes, chacun étant tour à tour émetteur et récepteur d'information : tout individu constitue un nœud de connexions et peut devenir producteur de valeur économique ; le renversement permanent des rôles efface progressivement les frontières entre les émetteurs professionnels et les récepteurs passifs.

Pourtant, l'image d'Épinal d'un Internet libertaire a fait long feu et ces dernières années ont vu prospérer un phénomène de concentration sans égal, s'accompagnant d'une reprise en main par les États et de grands opérateurs privés. Au cœur d'une économie dite « de l'attention », la topographie de la valeur est à l'image de ce double mouvement : éclatement, diffraction infinie des sources de production, face à la présence accrue de nouveaux intermédiaires dont la fonction est d'éviter l'éparpillement de cette attention créée par la multitude[1].

1. Voir N. Colin et H. Verdier, *L'Âge de la multitude. Entreprendre et gouverner après la révolution numérique*, Armand Colin, 2012.

1. Tous producteurs et diffuseurs de contenus : la valeur éparpillée

« Je » est information

Traditionnellement, la personne est productrice de valeur par sa force de travail ou encore par le résultat de sa création. Mais, depuis peu, l'individu sécrète une nouvelle source de valeur, presque à son insu, dans la mesure où cette création ne suppose pas de sa part des efforts conscients mais découle des informations qu'il génère.

Lors de ses pérégrinations sur Internet, par le biais de témoins ou *cookies* de connexion ou de navigation, se trouvent stockées des informations sur les préférences et préoccupations de l'internaute. Ces informations sont, par la suite, activées lors de la navigation de l'individu de site en site : ces *cookies*, gérés par des régies publicitaires spécialisées, livrent à des partenaires qui le leur demandent et ont conclu des accords en ce sens, les détails de ces visites ; les régies les analysent et permettent d'adapter extrêmement rapidement (on parle de centièmes de seconde) la publicité qui sera tout spécialement destinée à la personne ciblée. Un commerçant ou un prestataire de services (ou plus exactement la régie qui s'occupe de son compte) devient ainsi capable de proposer, dans un laps de temps très court, des produits et des services en rapport avec les précédents visites et centres d'intérêt de l'internaute. Qui n'a pas fait l'expérience, à l'occasion d'une navigation sur Internet, de voir s'afficher (sous forme de bannières défilantes, d'un lien commercial, etc.) des offres en lien direct avec une page Web antérieurement consultée ? Une offre de vol pour New York ou de chambre d'hôtel correspondant miraculeusement à une ancienne requête ?

Ces informations ne sont pas seulement collectées lors d'une utilisation d'un ordinateur ; la réalité physique est de plus en plus connectée et numériquement tracée. La géolocalisation des détenteurs de smartphones, qu'elle repose sur l'utilisation de puces RFID ou consiste en l'indexation de contenus échangés par le biais de bornes Wi-Fi, permet de suivre les mouvements et parcours de leurs porteurs et d'adapter, également, la publicité ou les offres de produits ou services en fonction de l'endroit où ceux-ci se trouvent : « À cinq mètres, le magasin X propose une remise de 10 % ! » La connexion des objets du quotidien le permettra encore davantage : qu'ignorera-t-on de nous quand tous nos frigos seront connectés et surveilleront que nous avons toujours du lait en quantité suffisante en fonction de la taille, de l'âge et des habitudes des occupants du foyer ? Quand les inhalateurs des vaporisateurs contre les allergies et l'asthme dessinent déjà, sur fond de données partagées, la carte des endroits que les asthmatiques doivent éviter ? Quand se généraliseront les fourchettes qui vous signalent que vous mâchez trop vite ? Ces objets seront bientôt dans toutes les maisons et donneront des indications que tous les commerçants (assureurs, employeurs, ou Big Brothers en tous genres) souhaiteront pouvoir exploiter. Nos téléphones ou nos cartes de paiement sans contact diront tout de nos achats, de nos habitudes et de nos envies.

Les données représentent une manne si l'on veut les utiliser pour guider les comportements de consommation, voire pour les influencer. Mais parlons chiffres, même s'ils peuvent être sujets à caution : à combien s'élève la valeur de ces données et qui en profite ? Viviane Reding, vice-présidente de la précédente Commission européenne, estimait que la valeur des données livrées par les citoyens européens en 2011 était de près de 315 milliards d'euros. Elle prédisait que cette valeur pourrait représenter 1 trillion en 2020.

Or cette immense valeur des données ne profite pas à tous ceux qui s'en trouvent à l'origine, à savoir les individus… La plupart d'entre eux n'ont pas même conscience que ces données constituent la véritable contrepartie de la gratuité de la vie sociale dont ils sont devenus les captifs consentants. Combien de fois sont acceptées, sans les lire, des clauses précisant que l'opérateur dispose de la « propriété » des données dont ils pourront à loisir faire les usages les plus étendus ? Quand bien même seraient-ils vigilants, comment renoncer à certains services dont l'accès est conditionné à ces conditions générales d'utilisation ? Qui aurait le courage, aujourd'hui, de couper un adolescent de ses réseaux sociaux, au motif que ses discussions dilapident un précieux capital informationnel familial ? Si la donnée émane de l'individu, celui-ci n'en maîtrise pas son destin, puisqu'il est forcé d'en abandonner le contrôle s'il ne veut pas devenir un paria numérique.

« Je » est créateur

La production de valeur sur Internet vient également, de manière plus classique, des créateurs d'œuvres et de la diffusion de ces dernières. L'essentiel des activités de loisir sur la Toile est relatif à l'écoute de musique, au visionnage de films ou de séries, à la lecture d'articles de presse ou de romans ; il y a donc un fort appétit pour les œuvres, qui jouissent en retour d'un potentiel de visibilité inédit, à l'échelle de l'humanité. La création artistique est cependant au cœur d'un véritable bouleversement lié au couplage de la technique de la numérisation et d'Internet : chaque œuvre est devenue aisément duplicable ; chacun peut la copier, puis la diffuser *via* les réseaux pour un coût modique, voire quasi nul si elle est piratée. On parle à cet égard de « disparition de la rareté[1] ». Ce phénomène a produit une accélération de la mutation des pratiques culturelles : la facilité de copie et d'émission a permis une dissémination inédite des œuvres, en même temps que la multiplication d'usages illégaux au regard des règles traditionnelles de la propriété intellectuelle ; la capacité de modifier les fichiers numériques a engendré des vocations amatrices ou professionnelles, traduites en *remix*, *mash-up* ou autant de créations « transformatives » qui s'appuient sur les œuvres antérieures pour les commenter, s'en moquer ou tout simplement s'en inspirer.

Le numérique et les réseaux ont également entraîné une mutation profonde des usages des œuvres : finie la grand-messe télévisuelle qui assurait des revenus publicitaires raisonnablement prévisibles ; rares les chansons ou les films vissés pendant des semaines aux sommets des *box-offices*. La consommation culturelle s'est diffractée ; autant de personnes, autant de publics, autant de supports et autant de moments différents pour prendre connaissance d'une œuvre ; les créations lassent de plus en plus vite et connaissent un succès éphémère. La multiplication

1. M. A. Lemley, « IP in a world without scarcity », *Stanford Public Law Working Paper*, mars 2014, n° 2413974, http://papers.ssrn.com/sol3/papers.cfm?abstract_id=241394.

des objets culturels présents sur la Toile fait que chacun rencontre de moins en moins de public et qu'il est toujours plus difficile d'organiser un modèle d'affaires rentable autour de leur diffusion. Inversement, le consommateur qui s'est habitué à un accès gratuit à une multitude d'offres fait preuve d'un faible consentement à payer.

Par ailleurs, avec le numérique, le spectateur sort de sa passivité pour devenir à son tour un auteur en puissance : qui réalisera un « mème » humoristique d'une chanson à la mode et attirera sur sa vidéo postée sur Youtube des millions de personnes (« Gangnam Style ») ; qui écrira des fanfictions partagées par d'énormes communautés en attente de rebondissements des aventures de Harry Potter quand J. K. Rowlings a décidé depuis bien longtemps d'arrêter la série... Les *users generated content* (UGC) – ou contenus générés par les utilisateurs – se comptent en milliards ; ils constituent des formes d'expression d'amateurs qui n'ont pas nécessairement une visée mercantile mais qui participent, avec les outils numériques et pour un coût presque nul, à la grande conversation planétaire. Souvent, ces vidéos ou ces arrangements musicaux demeurent destinés à un cercle très limité d'individus. Mais certains connaissent le succès (*Fifty Shades of Grey*, qui était à l'origine une fanfiction de *Twilight*, avoisine les 100 millions d'exemplaires) et font émerger des artistes et/ou déclenchent des revenus publicitaires sur une plate-forme de diffusion. On assiste à une abolition de la frontière traditionnelle entre auteurs et public, entre professionnels et amateurs.

Ce phénomène n'est pas propre à la création artistique et concerne tous les modes de production de « contenus numériques », nouvelle notion juridique floue, située quelque part entre les biens et les services. Les individus sont des sources passives et actives de contenus informationnels ; ils les reçoivent et peuvent se contenter de les consommer, mais ils sont également en capacité de les commenter, de les modifier et de les retransmettre à leur tour.

Cette circulation permanente développe de nouveaux modes de création de valeur « collaborative », où chacun enrichit le travail d'autrui dans un processus permanent d'incrémentation. Le public s'empare des objets circulants et y ajoute son « grain de sel » numérique. Le voyageur note la chambre d'hôtel où il s'est rendu pour vanter ses mérites ou au contraire signaler la présence de cafards ; son avis servira aux autres et, de loin en loin, construira la e-réputation du prestataire, additionné aux autres commentaires postés. Le « consommacteur » se retrouve ainsi au cœur de la création de nouveaux services, dont il profite en même temps qu'il les alimente. À l'instar des phénomènes de contenus générés par les utilisateurs, le consommateur se mue insensiblement d'individu « subissant » en partenaire agissant. Se tisse par l'interrelation entre les individus une valeur globale dont tous pourraient jouir, selon des conditions définies par la communauté, mais qui se trouve parfois préemptée, comme nous le verrons, par de gros intermédiaires.

La foule est créatrice

Parfois, c'est même une communauté qui s'instaure, par l'échange des informations que chaque membre consent à verser en son sein : « on » signale des radars ou des embouteillages ; « on » partage des opportunités commerciales dont on a connaissance ; « on » s'organise pour négocier des tarifs de groupe en profitant des économies d'échelle, etc. Certaines communautés accueillent la collaboration en vue de la création d'œuvres, chaque membre y acceptant les règles de fonctionnement : par exemple, lorsqu'une communauté se constitue autour de l'utilisation et de la modification d'un logiciel dont l'auteur accepte qu'il soit « libre » (c'est-à-dire qu'il renonce à l'exclusivité que lui octroie son « droit » de créateur), le phénomène défie la perception traditionnellement individualiste de la création. Dans d'autres communautés encore, on finance la création ou l'entreprise de son prochain et, chose surprenante dans un modèle de pensée saturé d'*Homo economicus* rationnel et maximisant ses profits, on le fait parfois sans aucun esprit de contrepartie, par don, ou avec des contreparties minimes (un tee-shirt, une invitation pour un concert), par « don avec contrepartie » donc (ce qui n'est pas la moindre des créations de cet univers innovant !). La contribution peut aussi se réaliser par des prêts, ou en prenant une participation dans le capital des entreprises que l'on aide à lancer (*equity based crowdfunding*). Le *crowdfunding* ou financement participatif soutient ainsi de multiples petits projets, qu'ils soient culturels (produire un disque ou monter une pièce de théâtre) ou de créations d'entreprise, tout en défiant les règles bancaires (pour les prêts) et fiscales notamment.

On voit surgir, avec ces exemples, l'une des grandes « surprises » d'Internet : contrairement à ce que d'aucuns avaient pu constamment avancer, beaucoup d'individus ne créent pas par appât du gain ; ils postent gratuitement des contenus (Youtube et Dailymotion) ; ils participent librement à l'élaboration d'encyclopédies (Wikipédia) ou de nouveaux modèles de voitures (Wikispeed) ; ils proposent pour rien, et alors que cela implique un effort non négligeable et chronophage, leurs évaluations de toutes sortes de marchandises et de services, comme les hébergements ou les restaurants (Tripadvisor, Amazon)... Bienvenue dans l'économie collaborative, qui a ses ramifications, de nouveau, dans le monde « matériel » : *via* le Net, avec ou sans recherche de gains, on échange son appartement ou met à disposition, pour une nuit, son canapé ; on propose toutes sortes de services ou de biens contre d'autres... voire contre rien !

Un phénomène difficilement saisi par le droit « traditionnel »

Ces nouvelles formes d'économie participative et la modification du statut des acteurs sur les réseaux ont du mal à être saisies par le droit. Plusieurs facteurs perturbent l'appréhension juridique du phénomène. Le premier, et non le moindre, tient à l'éclatement géographique des agents : les individus qui se déplacent sur la Toile, sans bouger d'un pouce dans l'espace « physique », déclenchent sans cesse l'application des règles complexes du droit international privé, lorsqu'il faut coordonner les règles de droit de différents systèmes juridiques. Ainsi, la consultation d'un site localisé aux États-Unis autorise le responsable du site à collecter les informations de l'internaute qu'il peut connaître à l'occasion de son passage et à en faire un usage conforme à sa législation. Mais *quid* lorsque cet usage contrarie une règle de droit du pays de l'internaute ?

Particulièrement sensible quant à la protection des données personnelles, cette difficulté irrigue l'ensemble des relations juridiques intervenant sur Internet et n'a toujours pas trouvé de réponse simple. Délicate quand la relation s'établit entre deux personnes, la question devient véritablement inextricable lorsque plusieurs dizaines ou centaines de personnes sont impliquées dans la réalisation d'une chose commune. Sans compter la difficulté de mettre en œuvre la règle de droit lorsque les acteurs sont, à dessein, disséminés sur la planète, à l'abri de législations accueillantes.

Une autre difficulté est liée à l'obscurcissement des frontières entre professionnel et amateur, entre activité commerciale et non commerciale, entre intention lucrative et motivations altruistes. En effet, nombre des relations qui s'établissent sur Internet le sont sous le sceau d'une apparente gratuité ou, à tout le moins, n'emportent pas d'échange monétaire direct. Les raisons de cet état de fait sont multiples : elles tiennent tout à la fois à des principes idéologiques et à des obstacles techniques. Les chantres de l'échange non marchand revendiquent un système alternatif à la spéculation : d'aucuns revisitent la figure du *potlatch* indien révélée par Mauss, considérant que l'échange se nourrit par le don et le contre-don et ne suppose pas toujours qu'entre en jeu une contrepartie en argent ; d'autres insistent sur l'intention altruiste de certains internautes, mus par la seule envie de faire progresser l'innovation ou la connaissance, sans espoir de contrepartie immédiate, autre qu'une éventuelle reconnaissance symbolique ; d'autres encore insistent sur l'éthique de la communauté qui accroît la richesse de tous par le don que chacun opère, à la manière de la Wikimedia Foundation.

L'absence d'échange monétaire tient également à des raisons plus triviales liées à la difficulté historique de mettre en place les instruments techniques sécurisés permettant de réaliser en confiance des micropaiements. Devant le retard pris, les agents économiques ont souvent préféré se tourner vers un modèle de gratuité apparente pour les utilisateurs finaux ou de rémunération indirecte par des contributions financières spontanées. Plus classiquement, ils ont misé sur la publicité et, dans cette optique, sur la monétisation des données personnelles collectées à l'occasion des transactions. Si la technologie a depuis évolué et est aujourd'hui capable d'accompagner de manière plus efficace et rentable les microtransactions, l'habitude de la gratuité s'est prise, qui rend plus difficile le passage au « payant ». Le fait que les acteurs obéissent à des motivations diverses brouille le jeu de la concurrence, dans la mesure où des activités mercantiles sont présentes sur les mêmes places de marché que des services gratuits, lesquels soit sont effectués avec une intention libérale, soit obéissent à une logique commerciale dont la réalisation passe par d'autres services. Le droit actuel est mal à l'aise avec ces nouveaux rapports économiques complexes qui tricotent un maillage inédit de gratuité apparente et de gains commerciaux, de posture altruiste et de but lucratif.

Enfin, lorsque la création de valeur vient de la multitude – d'une masse de données personnelles, d'œuvres, d'informations, de contributions –, cette valeur est difficilement mobilisable par chacun des producteurs individuels. Par ailleurs, les ressources issues de ces masses (plus exactement leur accroissement exponentiel) ne sont génératrices de richesse que dans la mesure où elles sont détectées, hiérarchisées, « poussées » vers ceux qui en sont les destinataires. La valeur induite s'inscrit donc comme le produit d'une rencontre entre la production éparpillée, d'une part, et l'attention de destinataires, d'autre part. Cela rend difficile l'identification des points névralgiques où l'intervention du droit pourrait contribuer à établir ou rétablir des équilibres entre les intérêts en présence.

2. Les « big infomédiaires » : la concentration de l'attention

Cette configuration a surtout rendu nécessaires de nouvelles intermédiations. Contrairement aux idées reçues, Internet et les réseaux numériques constituent un monde dans lequel la relation entre deux points suppose de multiples passeurs : l'opérateur de télécoms mettant à disposition l'infrastructure, les fournisseurs d'accès, de cache, d'hébergement, de Cloud... tous sont nécessaires au stockage et au transport de l'information. Si beaucoup de ces acteurs ont été identifiés assez précocement par le système juridique, qui leur a d'ailleurs conféré au passage un régime de responsabilité allégée propice à leur éclosion (au sein de la directive « commerce électronique » du 8 juin 2000 et de sa transposition française, la loi sur la confiance dans l'économie numérique dite LCEN de 2004), d'autres opérateurs spécialisés dans la concentration de l'attention occupent désormais une place croissante dans l'économie numérique. Ces prestataires, dont le statut demeure incertain, se chargent essentiellement de deux fonctions différentes : d'une part, ils agrègent les contenus pour donner corps à la multitude dans un ensemble organisé ; d'autre part, ils référencent et hiérarchisent l'information de telle sorte qu'elle soit visible sur les réseaux.

Agréger, collecter, rassembler, traiter...

La valeur vient pour beaucoup, aujourd'hui, du rassemblement et du traitement de l'information ; il s'agit de collecter le maximum de contenus pour rendre l'offre attractive, mais aussi et surtout pour proposer des services innovants liés au rapprochement de ces informations. Les agrégateurs de presse utilisent des moteurs de recherche qui *crawlent* (« fouillent ») les articles de journaux pour sélectionner les termes, sujets des requêtes de leurs clients, et leur offrir une sélection des informations les plus pertinentes au regard de leurs attentes ; les habitudes d'écoute collectées permettent aux « smartradios » de se caler sur les goûts de leurs utilisateurs et de leur suggérer des titres en relation avec leurs préférences, etc. L'offre de services ne se limite d'ailleurs pas à Internet et déborde largement dans l'univers physique des objets connectés. Les véhicules automobiles embarquent en leur sein des technologies sophistiquées qui, par le croisement des informations, évitent les pannes ou les accidents. Les éléments de localisation des individus permettent d'anticiper les modes de déplacement urbain et de proposer une répartition plus efficace des systèmes de mobilité en choisissant les emplacements des stations de Vélib' ou d'Autolib'. Les exemples sont légion et la variété des applications présentes et futures, phénoménale.

Dans ce contexte, ce ne sont plus seulement les radiodiffuseurs classiques ou les éditeurs de presse qui maîtrise la diffusion de l'information, mais des géants économiques à la tête d'incommensurables réseaux de données. Leur aptitude : la sélection de l'information pertinente et la mise en relation immédiate entre l'offre et la demande, au plus près des préférences supposées de l'internaute. Certes, il peut demeurer des systèmes ouverts, assis sur le mécanisme des licences libres et agrégeant les informations par le biais d'actions participatives des internautes. Mais ils se trouvent souvent récupérés par les GAFTAM. Amazon valorise, par exemple, les avis de consommateurs ainsi que les historiques de consultation et d'achat, en recommandant les bons articles à ses clients et en les poussant par là à consommer ce que d'autres ont aimé. Facebook se prête largement à l'organisation de la publicité ciblée, adaptée aux préférences et à l'historique des échanges de l'internaute. Le *social commerce*, la grande tendance de la recommandation entre internautes, est récupéré par le *hard commerce*.

Naviguer, référencer, préconiser, suggérer...

Par ailleurs, face à la masse d'informations, les fameux « contenus » n'acquièrent de la valeur, sur Internet, que s'ils sont triés et classés, s'ils sont rendus identifiables et accessibles. Nous vivons dans une économie de l'accès qui valorise le messager[1]. À mesure que croît l'« infobésité », il devient toujours plus complexe de localiser un contenu de manière efficace. Dans cet univers cybernétique, le rôle du messager devient presque plus important que le sens du message. Qu'importe en effet la valeur intrinsèque du contenu, s'il est à jamais enterré dans les tréfonds des réseaux, invisible au quidam internaute, inaccessible d'un simple clic ? La ressource n'est perceptible que si elle est détectée, répertoriée, classée en rang utile par ceux qui font commerce de cette activité. Notre navigation au sein d'Internet n'est rendue fluide que par ces outils de repérage des ressources et les entrelacs de liens qui nous délivrent de notre errance.

Nous avançons dans un monde pétri d'hypertextualité, de site en site, de lien en lien, de prescription en recommandation. Dans cette perspective, les moteurs de recherche sont en particulier devenus des outils indispensables de

1. A. Strowel, « Introduction », *in Google et les nouveaux services en ligne. Impact sur l'économie du contenu et questions de propriété intellectuelle*, Larcier, 2008.

notre repérage sur la Toile ; ils accompagnent notre cheminement intellectuel en développant des outils de suggestion, notamment liée aux historiques de navigation archivés. La hiérarchie qu'ils instaurent en fonction de leurs algorithmes occupe désormais une place centrale dans la visibilité des contenus sur la Toile et attire toutes les convoitises, mais aussi tous les dangers.

Avec environ 96 % des parts de marché des moteurs de recherche généraliste en France (beaucoup moins aux États-Unis), Google concentre à lui seul l'essentiel du référencement des contenus sur Internet. Lorsque Google éternue, le monde numérique s'enrhume. Il suffit d'un changement des paramètres de l'algorithme, décidé de manière unilatérale par les concepteurs du moteur, pour que des sites caracolant jusque-là en tête du *page rank* soient relégués dans les profondeurs du classement c'est-à-dire, en réalité, voués plus ou moins rapidement à la disparition pure et simple. Les liens vers les sites pirates, tout spécialement, surgissent ou disparaissent ainsi de la liste des réponses. *Idem* pour les « fermes » de contenus, c'est-à-dire ces sites qui ne produisent pas eux-mêmes l'information mais la répertorient en opérant des liens vers les sites où elle est présente. Ils se sont vus « privés d'antenne » lorsque Google a décidé qu'il ne fallait pas encourager les internautes à les fréquenter. Brutalement, les comparateurs de prix ou de voyages ont eux aussi perdu droit de cité à la tête des listes de réponses, bizarrement notons-le au moment même où Google proposait ce type de services...

La toute-puissance s'affiche là et, pourtant, la réponse du droit tarde à venir pour réguler ces nouveaux acteurs et leurs comportements. Les facteurs de ce retrait sont multiples : timidité des autorités de concurrence à intervenir sur le terrain de l'abus de position dominante ; oscillations de la jurisprudence quant à la qualification de ces opérateurs ; blocages législatifs liés à l'incompréhension des pouvoirs publics, quand ce n'est pas à des opérations de lobbying sans précédent. Même s'il n'y a pas de « vide juridique », la réflexion doit néanmoins s'accélérer, tant il est nécessaire de repenser le droit à l'aune des valeurs qu'il lui appartient de défendre et qui ne peuvent être abdiquées sur l'autel du contexte technologique. Reste à savoir comment faire.

SECONDE PARTIE

Comment organiser le partage de la valeur sur Internet ?

Si l'on veut relever le défi, il s'agit donc de régir le double phénomène, précédemment décrit, de production éclatée de la valeur et de sa restitution *via* une concentration de l'attention organisée autour de grands intermédiaires. Cela conduit à reconsidérer les schémas juridiques actuels pour éprouver leur ductilité, c'est-à-dire leur malléabilité au regard de l'écosystème numérique.

Dans une économie libérale, la production de la valeur passe certes par le marché, mais se nourrit également d'instruments juridiques qui organisent et autorisent sa captation et sa répartition entre les acteurs. La propriété compose le modèle-phare de cette appropriation. Elle a fortement soutenu l'échange marchand, notamment dans son versant d'achats et de ventes. Or, s'il serait faux de prétendre que la propriété n'a pas subi depuis longtemps des évolutions majeures permettant son application à des objets virtuels, on ne peut que constater que cette figure d'appropriation s'applique malaisément aux échanges « intangibles » décrits : les types de contenus qui circulent et les formes de mise en relation qui s'y développent – des personnes et des contenus – se glissent mal dans le moule traditionnel de la propriété. Par ailleurs, quand bien même le modèle serait-il forcé, il n'est pas certain qu'il garantisse toujours la justice de l'échange. Il est donc temps d'envisager des modèles alternatifs.

1. La propriété exclusive dépassée

Rembobinons le film de l'histoire. La propriété a trouvé son terrain d'élection dans un univers tangible : fondamentalement, le pouvoir du propriétaire renvoyait à la maîtrise physique de la chose, aux pouvoirs d'en disposer et d'en exclure les autres. À l'origine, la transmission de la valeur que représente la chose passait (toujours) par le rituel archaïque de la remise matérielle, de la « tradition ». Certes, le droit a pris ses distances par rapport à ces représentations mais il n'en demeure pas moins marqué par elles, si bien qu'il a du mal à se saisir des objets « intangibles » qu'il qualifie souvent, de manière abusive, d'immatériels. Et la difficulté n'est pas que conceptuelle : elle se trouve liée à la réalité du pouvoir sur la chose. Une information, une œuvre, une donnée, dès lors qu'elles ne sont plus gardées secrètes, sont aisément reproductibles par la technique numérique et facilement disséminées par le réseau. Tel un chien sans laisse, elles échappent au pouvoir de leur maître. Par ailleurs, certaines des valeurs que nous avons croisées reposent sur des captations de la personne, phénomène dont il faut interroger la légitimité.

La propriété des œuvres débordée ?

Commençons par la propriété qui rencontre actuellement le plus de contestations : celle des œuvres de l'esprit. Elle peut pourtant se réclamer de trois siècles d'histoire et a même, en France, acquis valeur constitutionnelle. Pour autant, à supposer que la propriété soit un outil théoriquement adéquat en la matière (la discussion reste de mise sur la nature de la « propriété » intellectuelle), force est de constater qu'elle rencontre des obstacles supplémentaires dans l'univers numérique. Qu'on en juge par ce constat : les ayants droit ont toutes les peines du monde à protéger leur « enclos » contre les empiétements sans cesse plus nombreux ; à tel point que l'on peut se demander si la création des œuvres confère encore à ceux qui en sont à l'origine un droit de propriété véritable et effectif. Qui aujourd'hui n'a jamais regardé une série sur un site de streaming ? Qui n'a jamais, sur Internet, copié une image pour s'en servir sans demander d'autorisation ? Nous sommes tous contrefacteurs, tous « pirates ».

Ainsi, l'exclusivité proclamée des titulaires est quotidiennement foulée aux pieds et se dissout progressivement dans les nouvelles pratiques d'usage. C'est que le droit d'auteur se concilie mal avec les caractères très facilement reproductible et non rival des œuvres. Ce point est fondamental et il faut le marteler : l'usage qu'un individu fait d'un contenu numérique (œuvres, informations, etc.) ne diminue en rien l'usage que peuvent en avoir d'autres. Par ailleurs, le modèle affronte avec peu d'outils l'éclatement de la figure de l'auteur et peine à accueillir en son sein les œuvres des auteurs amateurs, disqualifiées jusque dans leur dénomination même de « contenus générés par les utilisateurs ».

Pour autant, les législateurs du monde entier n'ont pas baissé les bras et s'agitent depuis des années pour faire respecter les droits d'auteur, multipliant les textes. Des réglementations sont adoptées, quand les projets n'avortent pas, affublées de sobriquets qui, à défaut de les rendre sympathiques, évoquent des figures familières (DADVSI, HADOPI, DMC, SOPA pour *Stop Online Piracy Act*, PIPA pour *Protect IP Act*, ACTA). Mais la surenchère se révèle assez vaine, et le succès semble inversement proportionnel au durcissement des sanctions : tous ces textes sonnent comme des tentatives désespérées de rendre effective une propriété proclamée mais jugée illégitime ou intolérable par le plus grand nombre. Qu'en reste-t-il alors ? Une propriété intellectuelle dont la sanction n'est plus opératoire, acculée à rechercher son salut dans des mesures techniques de protection ; une propriété devenue tout à la fois le symbole de l'impuissance des titulaires et de la contestation des utilisateurs.

La Cour de justice de l'Union européenne, elle-même, ne semble plus croire à la toute-puissance du modèle du droit exclusif pour contrôler la circulation des œuvres. Dans l'affaire *UsedSoft* du 3 juillet 2012, elle a estimé que « le téléchargement d'une copie d'un programme d'ordinateur et la conclusion d'un contrat de licence d'utilisation se rapportant à celle-ci forment un tout indivisible, et doivent être examinés dans leur ensemble aux fins de leur qualification juridique ». Elle en a induit que ces opérations, « dès lors qu'elles permettent à l'utilisateur de recevoir, moyennant le paiement d'un prix, un droit d'utilisation de cette copie d'une durée illimitée, impliquent un transfert de propriété ».

Or, si la Cour convoque ici la figure de la propriété, ce n'est pas pour aider le titulaire du droit de propriété intellectuelle à conserver un contrôle sur la distribution de ses œuvres sur les réseaux. C'est, au contraire, pour consacrer au bénéfice de l'utilisateur une possibilité de revente d'occasion d'un logiciel accessible sur un serveur, au terme d'un « épuisement » du droit exclusif de l'auteur. Dans la même veine, la Cour a également refusé de considérer (dans ses arrêts *Svensson* et *Bestwater* de 2014) qu'un lien « cliquable » vers une œuvre ou que l'encapsulation d'une vidéo dans une fenêtre (*frame*) – tous procédés qui déterminent les flux entrants vers une œuvre – relèvent de manière générale de l'autorisation du titulaire de droit. La technique du droit exclusif peine à appréhender les marchés du numérique (revente d'occasion, référencement, agrégation, etc.) et la mise en ligne emporte insensiblement, comme corollaire, un abandon du pouvoir de contrôle sur le destin des œuvres.

En définitive, les exploitations illégitimes se multiplient ; celles qui sont légitimes ne passent plus forcément par la mise en jeu du droit exclusif, devenu un instrument toujours moins puissant pour assurer le contrôle de la circulation des œuvres. Qu'il l'accepte ou non, le titulaire se voit donc contraint d'abandonner, ou de partager, certaines des utilités de sa chose. Loin de l'idée classique d'exclusivisme, qui fonde une certaine représentation de la propriété, le pouvoir de contrôle des œuvres échappe davantage, de jour en jour, à ceux qui sont censés en être les titulaires légaux. On appelle en renfort des mesures techniques de protection ; certains préfèrent des systèmes de compensation collective (copie privée, licence légale). Mais, quel que soit le sort de ces solutions alternatives, la mutation, radicale, bouleverse la capacité des créateurs à mettre en place des modèles d'affaires fondés sur le droit de propriété et le mécanisme de l'autorisation préalable ; les ayants droit s'épuisent dans une confrontation avec les prétentions concurrentes des usagers ; ils se heurtent au rôle et à la puissance des intermédiaires. Le modèle propriétaire est en perte de vitesse et peine à se réinventer.

La propriété de l'information : une éternelle chimère[1] ?

Plus encore qu'ailleurs, quand il s'agit d'information, la propriété est contestée au plan théorique : la question dérange les juristes depuis qu'elle est posée. Or, sur les réseaux numériques, tout ce qui circule est information, ce qui ne laisse pas de soulever plusieurs difficultés de taille. La première tient à la définition même de l'information, objet difficile à saisir s'il en est. Un célèbre professeur de droit, précurseur sur le sujet et aujourd'hui disparu, Pierre Catala, l'a décrite comme « tout message communicable à autrui par un moyen quelconque » ou encore comme un « élément de connaissance susceptible d'être présenté à l'aide de conventions pour être conservé, traité ou communiqué ». Il ajoutait qu'une « information n'existe que si elle est exprimée dans une forme qui la rende communicable : la formulation est une condition nécessaire de sa réalité comme objet de droit » ; « indépendamment de son support matériel [...], elle est un produit et possède, quand le commerce n'en est pas interdit, une valeur marchande[2] ».

1. Selon la formule de Nathalie Mallet-Poujol, « L'appropriation de l'information, l'éternelle chimère », *Recueil Dalloz*, 1997, p. 330.

2. P. Catala, *Les Transformations du droit par l'informatique. Émergence du droit de l'informatique*, Éditions des Parques, 1983, p. 264 suiv.

La seconde difficulté réside dans la reconnaissance d'une appropriation. Elle divise les juristes. Certains y sont absolument rétifs, estimant que l'information doit rester libre dans son parcours et que, du fait de son intérêt social, elle doit être véhiculée sans l'entrave d'un titulaire qui revendiquerait un droit privatif. La propriété serait par ailleurs incompatible avec la nature même de l'information, bien non rival, dans la mesure où, une fois celle-ci connue, il n'est plus possible d'en organiser le contrôle, tout le monde étant à même de la reprendre, de la commenter et de la redistribuer à son tour. La propriété d'une information serait donc une chimère sur laquelle il serait en pratique impossible de mettre en place des systèmes de protection (« réservation », disent les juristes).

À l'inverse, d'autres auteurs l'envisagent favorablement : l'information pourrait être le siège d'une propriété et il serait possible d'en organiser le contrôle *via* des mesures techniques restrictives d'accès, combinées ou non avec des solutions contractuelles. Ils partent de l'idée que « la notion de chose ou de bien est une représentation intellectuelle et [...que] la qualité d'objet de droit peut être attribuée à un bien immatériel pourvu que ce bien soit considéré comme tel économiquement et qu'il soit digne de protection juridique[3] ». Dès lors, rien n'empêcherait de

3. M.-P. Lucas de Leyssac, « Une information seule est-elle susceptible de vol ou d'une autre atteinte juridique aux biens ? », *Recueil Dalloz*, 1985. chr. 43 ; M. Vivant, « À propos des biens informationnels », *JCP*, 1984, I, p. 3132.

consacrer une propriété de l'information, la propriété ne relevant pas de la nature des choses, comme l'a démontré en son temps le débat sur le vol d'électricité. Ainsi, selon le professeur Frédéric Zénati[4] : « Au vrai, lorsqu'on décide de faire entrer une chose dans la catégorie juridique des biens, c'est parce que sa nature (au sens large, incluant l'activité sociale) y invite. Reste dès lors posée la seule question de savoir quelle forme emprunte la "convention" intronisant une nouvelle catégorie de bien. La loi n'apparaît une nécessité que sous l'influence d'une conception légaliste – encore dominante – des sources du droit. Dès lors qu'un objet apparaît utile et appropriable, qu'il entre peu ou prou dans le commerce, il devient objectivement un bien et devrait être considéré comme tel quoi qu'en dise – surtout, que n'en dise pas – la loi. » « Ce qui rend techniquement propriétaire, poursuit alors l'auteur, ce n'est rien d'autre aujourd'hui que les procédés par lesquels l'ordre juridique permet à une personne d'imposer à autrui une relation privative aux choses… Et de protéger cette relation. »

L'opposition est tranchée. Mais, une troisième voie est envisageable. La pensée juridique commençant à désacraliser l'absolutisme du droit de propriété, elle offre aujourd'hui des analyses alternatives, distinguant les différentes fonctions attribuées à ce droit : le modèle de la

4. F. Zénati, *Essai sur la nature juridique de la propriété*, thèse Lyon-III, 1981, p. 162.

propriété pourrait évoluer (ou a déjà évolué) et s'adapter aux caractéristiques particulières de l'information[5].

La jurisprudence, de son côté, demeure très évasive à ce sujet et oscille entre reconnaissance et rejet de la propriété de l'information. Le vol d'information a ainsi été reconnu pour la première fois, en germe et par l'intermédiaire de celui de son support matériel, en 1979. En 1989, dans une affaire *Bourquin,* la Cour de cassation a condamné le vol du « contenu informationnel » de disquettes informatiques ainsi que de « données comptables et commerciales », constitutives de « biens incorporels » d'une entreprise. D'autres décisions ont suivi, reconnaissant le vol de données informatiques et accréditant, *a contrario*, l'idée que les données sont des objets d'appropriation, soit du chef de recel, soit de celui de vol. Toutefois, des arrêts tranchent aussi en sens contraire, quand d'autres accréditent l'idée d'une confusion entre l'information et son support. Récemment, en 2013, le tribunal de grande instance de Créteil a écarté la qualification de vol de données en cas de « téléchargement et [d]'enregistrement sur plusieurs supports des fichiers informatiques ».

La tendance n'est pas seulement française : refoulée par la jurisprudence anglaise, la « propriété » de l'information est rarement retenue par la jurisprudence américaine, laquelle s'appuie sur le précédent anglais

5. Par exemple, M. Xifaras, *La Propriété. Étude de philosophie du droit,* PUF, 2004.

Oxford v. Moss pour écarter le vol d'un objet intangible[6]. Cependant, un souhait d'évolution est apparu à l'occasion d'une décision *Sergey Aleynikov*, rendue le 11 avril 2012 par la cour d'appel du second circuit de New York : à propos d'un « vol » du code source d'un logiciel de trading à haute fréquence, la juridiction, tout en indiquant qu'on ne pouvait pas considérer que le code eût été volé au regard de la définition légale, a conseillé au Congrès d'amender la législation de manière à éviter les « vols » de cette nature dans le futur.

Mais la propriété privative serait-elle plus affirmée, il resterait à se demander si elle est à même de véritablement composer le futur du contrôle de l'information. On peut en douter. En premier lieu, en effet, il serait nécessaire d'en réorganiser la rareté, dont la disparition se trouve justement constatée : du fait des caractères aisément transmissible et reproductible de l'information, ainsi que de sa composante de non-rivalité, la réservation (au sens d'un droit protégé) par celui qui s'en trouve à l'origine se fait délicate.

---

6. Chambre des lords, 3 novembre 1966, *Boardman v. Phipps,* jugeant en équité. Dans l'affaire *Oxford v. Moss,* Divisional Court, Queens Bench (1979) 68 Cr App Rep 183, la cour a jugé que l'information ne pouvait pas être considérée comme une propriété intangible et qu'elle ne pouvait donc pas être volée au regard de la définition posée par le *Theft Act* de 1968. V. une Cour australienne qui énonce : « *Knowledge is valuable, but knowledge is neither real personal property... It is only a loose metaphorical sense that any knowledge as such can be said to be property* », *The Federal Commissioner of Taxation v United Aircraft Corporation* (10943-44) 68, CLR 525, 534-535.

En second lieu, à supposer qu'il soit possible d'organiser cette rareté, notamment par des mécanismes techniques de contrôle d'accès ou de copie, il resterait à s'interroger sur la légitimité de cette réservation. Or, si la propriété se déduisait du simple pouvoir de contrôler l'accès à l'information, de la possibilité de poser une clôture autour d'elle, il suffirait aux opérateurs qui voudraient la revendiquer de créer les conditions de cette réservation technique de l'information pour la conquérir. Si le droit l'admettait, il ne ferait alors qu'entériner le fait, à l'instar d'un phénomène d'occupation, et la propriété se mettrait au seul service du plus fort, sans égard pour l'articulation des intérêts multiples et concurrents. Toutefois la concentration de l'information et son contrôle dans la main d'acteurs puissants constituent un danger démocratique majeur, une menace pour le pluralisme et la liberté d'expression. L'exclusivité que commande la propriété traditionnelle constituerait, en outre, un frein à l'innovation, au sens où elle peut bloquer la circulation de l'information et, partant, la concurrence. Laisser l'information aux mains de ceux qui peuvent la cadenasser ne semble pas une réponse à la hauteur du défi de la société contemporaine.

La propriété des données personnelles : l'effacement de la frontière entre les personnes et les choses

Les données personnelles peuvent-elles constituer des objets de « propriété » ? Leur définition juridique les rattache plutôt à la personne : on entend par « donnée à caractère personnel », dans les textes européen et français, « toute information concernant une personne physique identifiée ou identifiable », précision étant faite qu'est réputée « identifiable une personne qui peut être identifiée, directement ou indirectement, notamment par référence à un numéro d'identification ou à un ou plusieurs éléments spécifiques, propres à son identité physique, physiologique, psychique, économique, culturelle ou sociale » (article 2 de la directive 95/46 du 24 octobre 1995 ; article 2 de la loi française « Informatique et Libertés » du 6 janvier 1978, plusieurs fois remaniée et à quelques nuances près). On vise là évidemment les noms, prénoms, dates de naissance, adresses postales ou électroniques, les numéros de téléphone, les numéros d'identification ou de Sécurité sociale, mais aussi, de manière moins évidente, les adresses IP des ordinateurs par exemple. La liste n'est nullement exhaustive car, aujourd'hui, tout est devenu donnée personnelle : il est possible, à partir d'une photographie, de remonter, grâce à un logiciel de reconnaissance faciale et/ou par croisement avec une autre donnée, à l'identité de la personne ;

la navigation électronique d'un individu dans un moteur de recherche (grâce aux *search logs* ou mots clés qu'il utilise) permet de l'identifier par recoupement de ses centres d'intérêt et de ses requêtes ou de son adresse IP, etc.

Pour autant, ce rattachement ténu à la personne exclut-il que les données soient des biens ? Exclut-il que leur régime protège une valeur économique, plutôt qu'un droit de la personnalité au respect de ses données ? Inversement, les données doivent-elles êtres saisies comme des émanations de la personne (les juristes parlent d'« attributs de la personnalité »), dont la circulation économique serait limitée (par les principes juridiques d'indisponibilité – elles ne pourraient être vendues ou données – et de non patrimonialité – selon lequel on ne doit pas leur donner une valeur) ? La personne a-t-elle un droit fondamental à l'autodétermination informationnelle, c'est-à-dire peut-elle décider de ce qu'elle fait de ses données, des usages qu'elle en autorise ? On trouvera à cet égard toute une palette de réponses, que les textes en vigueur, ambigus sur ces orientations[7], permettent d'accréditer.

Dans une première approche dite « réaliste », certains conçoivent les données personnelles comme des objets d'appropriation : la donnée serait un bien, un élément de valeur, à l'égard duquel le droit reconnaîtrait un droit

7. Jusque dans leur titre, *cf.* la directive de 1995 comme l'actuelle proposition de règlement qui affichent à la fois la finalité de « circulation des données », pour assurer la pérennité des modèles économiques, et celle de « protection des personnes ».

de propriété[8], ou du moins un mode d'appropriation par une personne. Cela ne voudrait pas forcément dire que toute collecte (et autres traitements) ou commerce juridique seraient admis à leur égard, puisqu'il peut exister des limites, en droit, posées à la création et à la circulation d'éléments de valeur (limites que pose d'ailleurs le droit positif pour d'autres choses[9]). Mais, selon ce courant de pensée, en principe et sous cette réserve d'un encadrement et/ou de limitations spécifiques, les diverses opérations d'échanges de données seraient rendues possibles *via* la « technique » de la propriété.

Pour autant, une fois l'affirmation posée, les difficultés ne font que commencer car, si l'on accepte ce postulat d'appropriation des données, il reste néanmoins à déterminer qui en est l'heureux propriétaire, et c'est bien sûr la question principale. À l'origine, cette approche a été majoritairement défendue pour faciliter la protection des personnes disséminant leurs données : ce sont elles qui en seraient propriétaires et qui pourraient, en conséquence, monnayer et contrôler les usages qui en sont faits. Reste que les données n'acquièrent véritablement de valeur que collectivement traitées, avec beaucoup d'autres (en

8. P. Bellanger (*La Souveraineté numérique*, PUF, 2014), qui a néanmoins changé d'avis par la suite ; G. Babinet, *L'Ère numérique. Un nouvel âge de l'humanité*, Le Passeur, 2014.

9. La qualification de choses « hors commerce » s'applique par exemple à des éléments dangereux comme la drogue ou entretenant un lien particulier avec la personne qui en est à l'origine.

« graphe » ou en « réseau ») et que celles d'un internaute isolé ne valent pas grand-chose... En outre, la thèse revient à faire peser sur les épaules de chacun la défense de ses intérêts en face de géants bien plus solides[10].

Pour d'autres, à l'inverse, les données seraient des *res nullius*, c'est-à-dire des choses qui n'appartiendraient à personne tant qu'elles ne seraient pas captées ; ce seraient, partant, les acteurs de l'économie numérique, ceux qui procèdent aux traitements, qui se les approprieraient en tant que premiers occupants et pourraient les utiliser et les valoriser à leur guise[11]. On pourrait également se référer à l'article 571 du Code civil, en soulignant que si la main-d'œuvre, l'industrie, se fait plus importante que la matière première dans la création de valeur, c'est à celui qui l'a mise en œuvre de devenir propriétaire, sous réserve du paiement de la valeur de la matière brute. Ou encore utiliser les mécanismes du droit des bases de données pour attribuer au « producteur » un droit spécifique sur le contenu de la base et donc les données personnelles qui y sont contenues. Mais ces schémas font la part (trop) belle aux opérateurs et reviennent à nier le lien des données et de la personne concernée.

Pour d'autres, alors, afin de ne pas perdre de vue la personne, tout en conservant l'idée de propriété, il faudrait

10. Dans le même sens, Conseil d'État, *Numérique et droits fondamentaux*, rapport pour l'année 2014, p. 264 et suiv. ; CNN, avis 2014-2 sur la neutralité des plates-formes : réunir les conditions d'un environnement numérique ouvert et soutenable, p. 37 et suiv.

11. P. Bellanger, *La Souveraineté numérique*, *op. cit.*

considérer la donnée comme un bien mais d'une texture tout à fait particulière : dans un parallèle avec la propriété intellectuelle, elle serait une création de l'internaute. En conséquence, ce dernier en serait propriétaire, sous un régime de propriété intellectuelle. De la sorte et à l'instar de tout auteur, l'internaute devrait être consulté sur les utilisations de ses « œuvres/données » et rémunéré pour ces dernières. Il apparaît néanmoins difficile de voir une création là où il ne se produit, en réalité et dans la majorité des hypothèses, que captation d'une navigation (par *cookies*) ou d'utilisations (objets connectés).

Une dernière approche consiste à saisir les données comme des biens communs, qualification qui souligne la nécessité d'une gouvernance collective, dans des intérêts généraux définis collectivement. Le système permettrait de les soustraire à la seule mainmise des grands opérateurs privés et aux enfermements monopolistiques, ainsi qu'à des gestions qui s'effectuent dans l'intérêt commercial d'un seul et bloquent éventuellement les innovations des autres[12]. Mais ériger les données en matériau collectif revient, de

12. V. Peugeot, « Données personnelles : sortir des injonctions contradictoires », site de Vecam, juillet 2014 ; C. Argenton et J. Prüfer, « Search engine competition with network externalities » (https://pure.uvt.nl/portal/files/1373523/search_engines.pdf) pour les données issues des historiques de recherche ; S. Mercier, « Biens communs et données personnelles : il faut réinventer ! », blog Bibliobsession, 12 mars 2014 (http://www.bibliobsession.net/2014/03/12/biens-communs-et-donnees-personnelles-il-nous-faut-inventer/) ; CNN, avis 2014-2, *op. cit.*, p. 39, pour les données publiques, les données conditionnant les libertés d'information,

nouveau, à faire peu de cas du lien avec la personne qui en est à l'origine : mérite-t-elle d'être soumise, sur ses données, à ces finalités collectives sans pouvoir donner son consentement aux utilisations qui en relèvent ?

On le voit, ces visions « réalistes » risquent de favoriser exagérément les opérateurs et/ou d'occulter le lien avec la personne. Or c'est d'une émanation de son identité, de sa personnalité et de sa vie privée dont il s'agit ; ce sont des risques de manipulations de ses comportements, de discriminations et de contraintes sur sa liberté qu'il faut craindre. On ne défend donc pas qu'un avoir, qu'une valeur économique en défendant ses données. On protège, pour beaucoup d'entre elles (car il faut faire une différence entre données personnelles et données privées, toutes les données personnelles n'étant pas privées), le respect de la vie privée et d'une liberté d'agir sans manipulation.

En conséquence, au rebours des conceptions « propriétaires », seule une vision personnaliste des données nous semble à même de porter les impératifs de protection identifiés. Par là, il s'agit évidemment d'insister sur le rattachement de la donnée à l'individu qui s'en trouve à l'origine, de la traiter dans l'orbite de la protection de la personne, et de celle de sa vie privée entendue au sens large : les données personnelles sont des éléments de

---

d'expression ou d'innovation ; L. Merzeau, « L'intelligence des traces », *Intellectica* 2013/1, 59, proposant une *identity commons.*

la personnalité de chacun ; elles émanent des individus, révèlent leur identité et leurs comportements.

Pour ceux que cet absolutisme effraierait, parce qu'il entraîne vers les principes d'indisponibilité et d'extra-patrimonialité, deux nuances peuvent être apportées. D'une part, on peut penser le régime des données dans un système mixte, selon un parallèle avec les produits du corps humain : elles doivent relever, au stade des premières captations et utilisations, du consentement de la personne et d'un principe d'autodétermination ; une fois anonymisées et détachées de la personne (si cela est techniquement possible, ce que d'aucuns contestent), elles peuvent être traitées comme des biens (quitte à réserver la qualification de « biens communs » à certaines, pour servir des finalités collectives). Le Conseil d'État, dans son rapport sur le numérique et les droits fondamentaux de 2014, ne se prononçait d'ailleurs pas autrement, prônant cette autodétermination primaire. D'autre part, seconde nuance, il est nécessaire de tenir compte de la dimension collective de la création de valeur que les données induisent : les personnes devraient pouvoir négocier collectivement les usages qu'elles admettent et se défendre, si nécessaire, au moyen d'actions collectives dont il faut réclamer l'extension à la matière.

La difficile propriété d'un objet juridique non identifié : le fichier numérique

Une ultime difficulté vient s'inviter dans le débat sur la propriété à l'ère du numérique : l'échange des données, des informations, des œuvres ne se réalise pas dans l'éther mais passe par la voie de transferts de fichiers numériques. Chaque jour, des fichiers se vendent, se louent, se donnent sans que le monde juridique n'ait jamais véritablement saisi cet objet. Le fait précède ici le droit. Le fichier numérique, communément défini comme une information numérique constituée d'une séquence d'octets, c'est-à-dire d'une séquence de nombres, constitue une mise en forme d'un contenu informationnel, dans le cadre d'une convention d'écriture qui permettra qu'il soit stocké, lu et transmis. Chaque fichier comporte, par ailleurs, un certain nombre de métadonnées, c'est-à-dire d'informations concernant ce qu'il contient (longueur du fichier, auteur, dates, autorisations d'accès). Le fichier constitue en définitive une enveloppe logique qui permet de présenter un contenu informationnel et de le rendre accessible par les mécanismes de lecture. Information lui-même, le fichier n'est pourtant pas réductible à l'information qu'il contient.

Or le fichier peut-il faire l'objet d'une propriété ? À côté de la valeur de l'information contenue, est-il possible de dégager une valeur du fichier qui s'en distinguerait, liée à l'organisation du contenu dans un ensemble individualisé et à son aptitude à le véhiculer dans un système technique spécifique ? La propriété du contenant peut-elle s'ajouter à celle du contenu ou s'en distinguer ? Et, dans l'affirmative, au profit de qui ?

Dans la pratique, cette valeur intrinsèque ne fait pas de doute. Par exemple, dans le cas d'une « cession » d'un fichier constitué des données de la clientèle d'une entreprise, il est bien évident que l'acquéreur souhaite avoir accès aux informations précises relatives à cette clientèle. Pour autant, il ne pourra véritablement exploiter ces informations que si celles-ci lui sont délivrées sur un support pérenne et techniquement opérationnel. Une simple récitation des informations concernées ne lui permettrait pas d'en saisir la valeur économique ; sans support fiable, il ne pourra ni les utiliser ni les aliéner. En outre, l'acquéreur souhaitera en général jouir de l'organisation logique de ces informations et non les recevoir en vrac.

À l'instar de la différence reconnue en droit d'auteur entre le support et l'œuvre, il paraît donc possible d'identifier au sein de l'objet « fichier », une réalité différente de l'information contenue ainsi que des utilités propres. Celles-ci résultent de la fiabilité du fichier, de son intelligibilité, de sa mobilité, de son interopérabilité, de sa capacité à épouser les évolutions de format ou à verrouiller l'accès, etc. Ces qualités, à même de lui conférer une valeur, pourraient donc être le siège d'une propriété, indépendamment de la valeur du contenu véhiculé.

Mais, cette première étape serait-elle franchie, se reposent les questions évoquées plus haut à propos des données personnelles. Qui serait alors reconnu « propriétaire » du fichier ? Celui qui définit ses propriétés ou paye pour sa réalisation ? Celui qui maîtrise juridiquement son contenu ? Celui qui en réalise la copie ? Lorsque je télécharge un fichier MP3 comprenant une œuvre musicale depuis iTunes, qui est le propriétaire : l'auteur, iTunes ou moi ? Puis-je revendre le fichier que j'ai « acheté » ? Lorsque je vends des fichiers de clientèle à un partenaire commercial, suis-je habilité à le faire car il s'agit de ma clientèle ? Parce que j'ai réalisé le fichier en tant que producteur de bases de données ? Ou tout simplement parce que quelqu'un consent à me l'acheter ? Là encore, la réponse du droit est évasive et nécessite des constructions alambiquées. La Cour de cassation ne s'est d'ailleurs pas embarrassée de cette question, le 25 juin 2013, quand elle a spectaculairement annulé une cession de fichiers de clientèle qui, selon elle, n'avait pas été correctement déclarée à la CNIL. Logique d'occupation, théorie de l'accession, propriété des fruits, droit *sui generis* du producteur de la base de données, etc., peuvent être tour à tour évoqués. Pour autant, si les fondements d'une propriété peuvent justifier un pouvoir sur le fichier, c'est souvent, en réalité, par le contrat que les choses vont se régler : on envisagera le transfert ou la jouissance de l'objet sans avoir préalablement déterminé qui, au regard de la loi, devrait être considéré comme propriétaire.

Dans les faits, par exemple, c'est le pouvoir économique de la plate-forme de distribution et les conditions générales d'utilisation qui vont « faire la loi » et déterminer les droits respectifs des parties. Or cette solution, qui résulte de la puissance respective des opérateurs sur le marché, répond-elle aux objectifs d'équilibre et de justice qui sont censés irriguer le droit ? N'est-il pas nécessaire de penser des clés de contrôle des intangibles numériques, fondées sur la légitimité des personnes à exercer cette maîtrise au regard de l'intérêt social, et non sur le simple intérêt économique du plus fort ?

En définitive, si, dans une première approche, le recours au modèle classique de la propriété avait pu sembler attractif pour organiser la juste répartition de la valeur des intangibles, force est de constater qu'il s'avère souvent inefficace ou qu'il offre une réponse incomplète pour saisir les contenus numériques et répondre aux nécessités d'une balance des intérêts. Mais en existe-t-il d'autres ? C'est le moment de l'explorer.

2. Quels modèles alternatifs pour répartir la valeur ?

Pour répondre, on peut tenter de penser la relation aux objets numériques et leur échange autrement que par la figure envahissante de la propriété « exclusive ». Cette voie permettrait d'affronter la spécificité des intangibles, à savoir leur absence de rivalité, le fait que leur usage par une personne n'obère pas celui d'une autre : si plusieurs personnes peuvent simultanément utiliser un même contenu sans se gêner, il n'est peut-être pas nécessaire de recourir, de manière systématique, à l'exclusivité ; ça l'est d'autant moins que, dans le monde numérique, celle-ci peine, nous l'avons constaté, à répondre aux enjeux de protection et d'équilibre des forces en présence.

Une première solution pourrait être de s'en remettre au dispositif du droit de la concurrence pour tenter d'articuler les prétentions rivales entre petits producteurs informationnels et grands intermédiaires et de tenter, par ce biais, de restaurer la loyauté des pratiques. Le parallèle pourrait se faire avec la régulation du marché de la grande distribution. Mais l'intervention de ce dispositif *ex post* est aléatoire ; elle laisse s'installer des situations de domination de fait dont il est difficile de sortir et le succès mitigé de la régulation dans le domaine de la grande distribution invite, pour le moins, à la circonspection. En outre, le droit de la concurrence n'est pas nécessairement un instrument approprié pour organiser le partage de la valeur, surtout lorsqu'il met en jeu une multitude d'individus face à des opérateurs puissants. Enfin, dans un contexte international où la circulation de la valeur est centralisée entre les mains d'opérateurs délocalisés, la vocation du droit ne peut se limiter à corriger les déséquilibres du marché ; elle doit encourager *ex ante* des modèles de coexistence entre contrôle individuel, exploitation commerciale et préservation du bien commun.

Il s'agit donc, au-delà de la promotion des solutions visant à redresser les déséquilibres avérés entre cette multitude de producteurs isolés de valeur brute informationnelle et les infomédiaires, d'organiser un écosystème juridique respectueux des intérêts respectifs des acteurs économiques et de la société en général, et même de l'intérêt commun, vecteur de nos valeurs fondamentales. Ces solutions peuvent être multiples et dépendre de la nature de l'objet envisagé : les œuvres, les informations, les données personnelles, les fichiers.

Mais, si on dépasse l'approche catégorielle, et sans préjudice des possibilités d'exploitation de la valeur enrichie par les opérateurs, une plus juste répartition passe, selon nous, par la reconnaissance ou l'extension de quatre séries de prérogatives au bénéfice des producteurs de la valeur informationnelle brute : une obligation de transparence à la charge des opérateurs quant au sort des contenus numériques ; un encadrement juridique de la maîtrise technique de ces contenus par ceux qui en sont à l'origine ; un contrôle de l'affectation et de la destination de ces contenus ; l'existence de modes de représentation et de recours collectifs à même d'assurer l'effectivité des protections conférées. Certaines réponses s'infèrent déjà du droit existant ou en discussion. Par exemple, en matière de données personnelles, la proposition de règlement européen du 25 janvier 2012, remaniée par la commission LIBE du Parlement européen et appelée à remplacer (en 2015 ?) les droits nationaux en vigueur (déjà européanisés) contient certaines avancées dans le sens d'une meilleure maîtrise, par les personnes concernées, du sort de leurs données. Mais la poussée dans cette direction supposerait davantage d'audace et de créativité de la part des acteurs du droit et, particulièrement, du législateur national ou européen.

Renforcer la connaissance des contenus numériques et la transparence de leurs usages

Commençons par les données personnelles. Laissez-nous disposer de vos données et profitez de nos services plaident les tenants américains de la « mort de la vie privée ». L'échange est équilibré, chacun a la contrepartie qu'il souhaite. C'est oublier que tout est fait pour rendre ces services absolument indispensables aux internautes et les tenir captifs au sein de silos de systèmes fermés (Android-Chrome-Google-Gmail-etc. ; IOS-Safari-iTunes-etc.). C'est faire peu de cas, surtout, de l'opacité entretenue sur l'existence même de cet échange et sur ses conditions : le donnant-donnant ne s'affiche guère au grand jour ; il se tapit sous une « gratuité » bien ambiguë[1]. Même si de plus en plus d'utilisateurs ont pris conscience de son existence – en témoignent les réactions toujours plus rapides et courroucées aux changements intempestifs des termes des conditions générales des grands réseaux sociaux –, la plupart s'en accommodent, délaissant la protection de leurs

1. J. Farchy, C. Méadel, G. Sire, *La Gratuité, à quel prix ? Circulation et échanges de biens culturels sur Internet*, rapport, pour le ministère de la Culture, septembre 2014 ; pour une dénonciation récente, *cf.* Commission des clauses abusives, recommandation n° 2014-02 relative aux contrats proposés par les fournisseurs de services de réseaux sociaux, n° 14, disponible sur le site de la Commission des clauses abusives.

données, de leurs contenus, de leurs traces et ignorant les tractations ou manipulations dont ils font l'objet.

Or il conviendrait désormais que chacun puisse s'exprimer sur l'échange proposé. Il est vrai que depuis août 2011 les internautes français doivent être informés de la pose de *cookies* (pour y consentir) et qu'ils ont pris l'habitude de voir apparaître ces petites fenêtres d'avertissement sur la plupart des grands sites, au fil de leur navigation (l'obligation est européenne). La transparence s'est en outre renforcée puisque les informations livrées doivent porter sur les données collectées, leurs types, leurs quantités ; sur les finalités ainsi que sur la durée des traitements, sur la destination des éléments remis ou captés par les opérateurs. Ces exigences figurent dans les textes en vigueur et la proposition de règlement en son article 5[2] ; elles ne font que reprendre ce que commanderait le droit de la consommation[3].

Néanmoins, le consentement octroyé est généralement vide, les internautes se contentant de poursuivre leur navigation ou d'accepter de cliquer, le plus souvent sans comprendre, sur une case placée au pied d'un texte interminable

2. Au titre des grands principes : les données doivent être traitées de manière licite, loyale et transparente ; pour des finalités déterminées, explicites et légitimes ; en respectant des principes d'adéquation et de minimisation des données (on en traite le minimum, adéquates pour servir la finalité considérée, et pendant la durée appropriée), ainsi que d'exactitude de ces dernières.

3. Commission des clauses abusives, recommandation n° 2014-02, *op. cit.*

et indigeste, rédigé parfois dans une langue étrangère. De la sorte, le renforcement de cette connaissance, condition préalable du contrôle de l'individu sur les informations qu'il produit, devrait bien davantage se lier aux modalités de la transparence. D'autant que, loin de limiter son bénéfice aux seuls consommateurs, une telle transparence garantit également la sécurité des échanges sur le marché et accroît, par conséquent, leur fluidité.

Le perfectionnement de ces outils est en marche, si l'on en juge par l'activation récente du droit de la consommation en la matière. Afin que le contrat ne serve pas d'occasion d'obscurcir les conditions de l'échange, sous couvert de complexité, plusieurs actions ont été menées, destinées à porter le contrôle sur les conditions générales d'utilisation des grands opérateurs : UFC-Que choisir ? a ainsi commencé à discuter en justice (en mars 2014) de l'accessibilité, de la clarté et de l'exhaustivité des énonciations relatives aux données des conditions de Facebook, Twitter et Google+ (le réseau social de Google). Et la Commission des clauses abusives vient de rendre une recommandation très sévère pour les réseaux sociaux[4].

Mais contrôler les conditions générales et en sanctionner les lacunes et ambiguïtés ne suffit pas ; il convient de faciliter la connaissance des contenus livrés aux tiers, en amont. À cet égard, la simplification de la présentation du contrat et des usages s'impose, par des mécanismes

4. *Ibid.*

conviviaux et intelligibles des conditions d'utilisation. L'exemple existe en droit d'auteur, à travers les licences Creative Commons qui organisent le partage des œuvres sur Internet. Les utilisateurs comme les contributeurs sont rapidement aguerris au type de relation juridique normalisée dans laquelle ils s'engagent par des symboles ou des signes P (pour paternité) ; NC (non commercial). D'aucuns estiment qu'il serait bienvenu de simplifier et d'uniformiser, également *via* des icônes et sur les pages de navigation ordinaires des sites (non sur celles dédiées aux conditions générales que personne ne lit), les indications relatives aux données à caractère personnel. Lors de son avis 2014-2[5], le Conseil national du numérique a ainsi préconisé d'adopter un système des *privacy icons*, destiné à fournir des pictogrammes immédiatement compréhensibles par l'internaute moyen.

Afin que la mesure ne tienne pas du gadget et que la simplification ne soit pas qu'un leurre, il faut veiller à ce que ces mécanismes répondent à des cas facilement identifiables mais aussi qu'ils ne soient pas démentis par des conditions d'utilisation plus précises et contradictoires. Par conséquent, un tel dispositif de standardisation devrait, pour protéger les utilisateurs/producteurs, s'accompagner d'une mise en œuvre spécifique de la théorie de l'apparence : en cas de conflits entre la signification standardisée des pictogrammes et les conditions générales d'utilisation, ce sont

5. CNN, avis 2014-2, *op. cit.*, p. 41.

exclusivement ces « labels » qui devraient être opposables à l'utilisateur.

D'autres solutions sont possibles pour améliorer la connaissance des utilisateurs/producteurs, fondées sur une obligation de rendre compte, telles que des systèmes de *reporting* annuel ou des synthèses individualisées relatives à toutes les données d'un internaute, détenues par un opérateur, et à tous les traitements et circulation dont elles font l'objet. De telles clauses de reddition, courantes en droit d'auteur, sont pourtant en pratique largement méconnues par les infomédiaires qui s'abritent souvent sous le statut d'hébergeur pour échapper à toute contrainte de ce type ou qui formulent des clauses de licences et de sous-licences non exclusives sans prévoir, en retour, d'information sur l'identité des tiers sous-licenciés (*cf.* les CGU de Facebook, Dropbox, etc.). Elles devraient pourtant s'appliquer pour le suivi et les réexploitations des œuvres.

L'exigence de transparence devrait également concerner le lien effectué par l'opérateur entre l'accès au service (ou la fluidité de cet accès) et la collecte des informations : peu d'internautes savent qu'il est aujourd'hui interdit de bloquer l'accès à un site en cas de refus de livrer ses données (dans la mesure toutefois où les données impliquées ne sont pas nécessaires à la fourniture du service). La transparence devrait enfin s'appliquer aux capacités de mise en relation, par les grands opérateurs, des données qu'ils détiennent (au sein du système Android-Chrome-Google-Gmail-etc. par exemple), car c'est là que gisent les plus grandes potentialités de profilage. Or, en l'état, selon le Conseil national du numérique, l'individu « ne peut effectuer une recherche globale sur l'ensemble de ses informations présentes sur [...] différents systèmes », ni « lister les sites détenant ses informations sensibles (comme ses informations bancaires) ».

Plus largement, c'est-à-dire au-delà des données personnelles, les internautes qui ont livré un contenu sur un site devraient pouvoir en connaître la destination, notamment lorsque ce contenu est réutilisé sur un site tiers. Il en va ainsi pour les commentaires laissés sur un site ou pour une évaluation : leur réutilisation hors du site d'origine où ils ont été postés devrait être signalée, ou à tout le moins être traçable depuis le site d'origine et/ou de destination. Ce qu'il importe de faire, c'est d'informer l'internaute du cheminement effectif de « ses » informations, et de lui permettre de sélectionner ses utilisations en fonction des critères, des lieux et des acteurs des traitements (sous-traitants, régies, etc.).

Par ailleurs, une tendance récente s'affirme pour exiger un effort de transparence sur les algorithmes utilisés et leurs propriétés[6]. Quels internautes savent que les résultats de recherche que leur livre un moteur diffèrent de ceux d'autres individus en raison du traitement de leurs mots de recherches passées ou de leur profil ? Que les propositions ou conditions de vente ou de service de certains

6. A. Rouvroy, T. Berns, « Gouvernementalité algorithmique et perspectives d'émancipation », *Réseaux*, 2013/1, n° 177, p. 163-196.

sites marchands se différencient pour les mêmes raisons ? Quelles entreprises connaissent les recettes qui les propulsent au premier rang des réponses à une requête, sauf à en passer par les services des SEO (*search engine optimizer*) dont l'activité consiste essentiellement à tenter de deviner les dessous d'un algorithme ? Comment peuvent-elles s'assurer que les paramètres ne sont pas biaisés en leur défaveur ?

Les algorithmes mis en œuvre doivent être explicités. Si l'ère est à la gouvernance algorithmique, le moins que les sujets de cette gouvernance soient en mesure d'attendre, c'est d'être avertis des règles applicables, de manière intelligible. Bien entendu, cet objectif doit se concilier avec le secret des affaires, et on ne peut exiger d'un opérateur qu'il livre publiquement son savoir-faire sans raison et sans contrepartie. Il convient toutefois d'ouvrir des voies pour concilier les intérêts en jeu en aménageant une obligation de révélation « utile » et proportionnée des processus de traitement à ceux qui en sont l'objet.

Au-delà, on pourrait imaginer une obligation légale d'offrir des réponses ou services alternatifs non personnalisés. Par exemple, une obligation pourrait peser sur les moteurs de recherche de proposer un onglet de résultats qui ne prendraient pas en compte les historiques de navigation ou de données de l'auteur de la requête. Une telle solution permettrait de sortir de l'alternative induite par le jeu du marché : soit vous nous laissez l'accès à vos données, soit vous payez pour des solutions plus respectueuses de votre intimité. En effet, même si le marché de l'« anonymat » s'étend – des moteurs de recherche se sont lancés tôt avec pour mot d'ordre d'effacer les données des utilisateurs (Ixquick dès 2006) ou de passer par des solutions décentralisées (Yacy) ; des réseaux sociaux se prévalent désormais d'une éthique de protection de la vie privée et d'une politique antipublicité (Ello) –, la seule présence de services alternatifs n'est pas suffisante s'ils s'avèrent moins attractifs ou s'ils ne respectent pas leurs promesses (comme Snapchat, condamné pour tromperie par la Federal Trade Commission...). Surtout, la question du consentement à payer se pose lorsqu'a été prise l'habitude de la gratuité.

Instaurer *une obligation de révélation proportionnée des processus de traitement associée à l'obligation d'offrir un service anonyme* permettrait à l'internaute de mesurer l'intérêt de la personnalisation des résultats et la qualité du service, voire de l'améliorer en abondant certaines données ou en corrigeant celles qui sont inexactes. À condition que l'opérateur joue le jeu, l'utilisateur disposerait également d'un référentiel « neutre » lui permettant de savoir ce que pourrait trouver quelqu'un dont le service ignore tout. L'information fournie pourrait encourager la concurrence, tout en établissant un service « universel ». Les entreprises y auraient également un intérêt, celui de pouvoir organiser les modalités de leur présence sur Internet sans être tributaires d'un algorithme secret et changeant.

Au final, *l'ensemble de ces dispositifs permettrait de bâtir, au profit des individus, une obligation générale d'information sur le traitement de l'information dont il sont la cause ou qu'ils ont produite.* Cette obligation pourrait se décliner dans plusieurs champs du droit et répondre à l'intérêt de traçabilité des informations qui, possible pour des fins commerciales, doit l'être également à des fins citoyennes. On peut également escompter qu'une meilleure allocation de l'information permette une répartition plus harmonieuse de la valeur, en ouvrant la voie à une différenciation des services. Mais l'information, si elle est une condition essentielle, ne constitue pas un socle suffisant pour garantir le contrôle des contenus car, dans un univers technique complexe, il ne suffit pas de savoir, encore faut-il véritablement pouvoir.

*La capacitation (*empowerment*) par la maîtrise technique*

Un expert anglais en copyright[7] a établi, dans les années 2000, une formule qui, bien que contestée, est devenue centrale dans le débat sur le droit d'auteur à l'ère du numérique : « La réponse à la machine est dans la machine. » L'idée était de pallier la carence ou l'inefficacité du droit par

7. C. Clark, *The Answer to the Machine is in the Machine and Other Collected Writings*, éd. J. Bing et T. Dreier, Oslo, Norwegian Center for Computers and Law, 2005.

une organisation de la protection et de l'exploitation des œuvres qui passe par une réponse d'ordre technique. Les mesures techniques visant à contrôler l'accès, la copie ou encore les mesures d'information permettant de déterminer le régime des droits apparaissaient, dans cette perspective, comme des solutions plus adéquates pour répondre au défi de la dissémination des œuvres *via* la numérisation et les réseaux qu'un droit d'auteur méconnu par les utilisateurs.

La réponse technique est également mise en avant, notamment par les informaticiens qui, plus habiles que le commun des mortels avec les outils numériques, assurent que leur maîtrise (*digital literacy*) est une condition essentielle de la citoyenneté numérique. En outre, à l'ère du *cloud computing*, la perte de contrôle est accrue par le fait que nous ne stockons plus nos informations dans des appareils dont nous sommes propriétaires. Les conditions générales des opérateurs nous rappellent d'ailleurs assez la sujétion dans laquelle nous nous trouvons, quand elles ne nous assurent ni la continuité du service ni même la possibilité de retrouver nos fichiers, fichiers que ces opérateurs se seront appropriés au passage. Les épisodes d'effacement intempestifs d'e-book effectués par Amazon, comme l'impossibilité de faire migrer des fichiers sur certains matériels ou de revendre des morceaux de musique acquis auprès d'Apple constituent autant d'illustrations de notre aliénation technologique.

Cette sujétion est d'autant plus délicate que la loi a parfois instauré une responsabilité de l'individu en tant que « gardien » de sa connexion, notamment pour lui imputer les faits de contrefaçon commis par ce truchement. Or on ne peut que dénoncer ce mythe du contrôle par l'internaute de sa connexion, de son compte utilisateur, de ses contenus ou de ses données lorsque tout pouvoir technique lui échappe en fait et qu'il est tributaire de ses partenaires pour agir (opérateur de télécommunications, fournisseur d'accès, hébergement, etc.).

Par conséquent, des voix se font entendre pour confier à chacun les outils nécessaires à la mise en œuvre effective de ses droits (le fameux *empowerment*), ce qui signifie ici renforcer les moyens de contrôle individuel des contenus numériques. Techniquement et en pratique, ces outils se multiplient, qu'ils proviennent des grands opérateurs, jouant le jeu de la restauration de la confiance des utilisateurs (les tableaux de bord de Google), ou, de façon plus neutre, des gouvernements (comme le projet britannique MiData), ou encore d'organisations non gouvernementales. Le Conseil national du numérique, quant à lui, en appelait au soutien des initiatives « PIMS » (*personal information management system*), c'est-à-dire de services hébergés sur des serveurs gérés pour l'utilisateur (à son service), plutôt qu'hébergés sur les serveurs de grandes plates-formes (le projet expérimental, « Mes infos » ou *self-data*, mené par la Fondation Internet Nouvelle Génération [FING] explore également cette voie). Plus généralement, certains auteurs préconisent de retrouver la quintessence des architectures distribuées de l'Internet et d'éviter ainsi la concentration des ressources entre les mains de ceux qui détiennent les serveurs et autres *data warehouse*.

Comment le droit peut-il relayer de manière mesurée et efficace cet appel au renfort de la technique ? Dans le domaine du droit d'auteur, dès les traités de l'OMPI (Organisation mondiale de la propriété intellectuelle) conclus en décembre 1996, le législateur a consacré au plan international une protection juridique des DRM (*digital rights management*) sanctionnant ceux qui contourneraient ces dispositifs avec l'intention de réaliser des contrefaçons. Le dispositif, relayé en 2001 par la directive 2001/29 et en 2006 par la loi DADVSI, a cependant suscité nombre de critiques, notamment en raison des excès de protection du droit d'auteur qui court-circuitent le bénéfice des exceptions et des blocages d'utilisations légitimes liés au caractère « propriétaire » des solutions techniques (impossibilité d'écouter son CD sur son lecteur de voiture, etc.). Le législateur avait tenté de remédier à ces difficultés en mettant en place des mécanismes lourds de conciliation, sous l'égide d'une autorité administrative indépendante dédiée (la défunte Autorité de régulation des mesures techniques, remplacée par la HADOPI pour ces attributions). Mais il a rencontré peu de succès si l'on en juge par le faible nombre de saisines et de décisions rendues. C'est dire que les arbitrages ont été faits par le marché et la grogne sociale qui a, par exemple, conduit à l'abandon des DRM sur les CD, dans le domaine musical.

Les DRM ne sont pas pour autant un épisode révolu de l'histoire de la distribution des contenus numériques.

Non seulement des secteurs entiers de la création continuent de s'appuyer sur des mesures techniques pour limiter les risques de copie, mais les DRM sont au cœur de l'essentiel des systèmes de distribution des contenus (VoD, plates-formes de streaming, jeux vidéo). Toutefois, une des difficultés du mécanisme vient de ce que les ayants droit, pourtant bénéficiaires en principe de la protection juridique des DRM, ne sont pas toujours effectivement maîtres de la distribution numérique des œuvres gouvernée par les solutions techniques « propriétaires » des plates-formes. Ainsi, la tentative du droit d'octroyer un contrôle technique au profit d'une catégorie de personnes s'est partiellement soldée par un échec ; c'est la solution technique du plus fort qui s'est imposée et, avec elle, le contrôle de l'exploitation qui a partiellement changé de mains ; c'est le DRM d'Apple qui détermine les usages des fichiers musicaux distribués sur iTunes.

Quels enseignements tirer de ces expériences ? Il n'appartient pas au droit de promouvoir une technique particulière mais de s'assurer que la technique vient au renfort d'un droit consacré et ne joue pas, à l'inverse, à son encontre. Si donc la technique doit être au service d'une « autodétermination informationnelle » (c'est-à-dire du pouvoir de chacun de déterminer le sort des informations qu'il génère) et contribuer à une meilleure distribution de la valeur, le droit doit veiller à ce qu'elle ne soit pas détournée de sa finalité et dégager certains principes propres à garantir cet objectif. Lorsque la loi confère à un individu un droit augmenté d'un contrôle technique, ce contrôle ne doit pas être écarté par une solution technique imposée par le marché ; *il convient ainsi d'instaurer une hiérarchie au profit du contrôle technique légitime.* Un opérateur ne doit pas pouvoir, par la technique, verrouiller/libérer l'accès aux contenus au-delà de ce qui a été souhaité par celui qui a le pouvoir juridique de décider de leur mise à disposition, à savoir celui qui est désigné comme tel par le pouvoir politique démocratique.

De façon plus générale, il convient de consacrer des droits permettant d'éviter que la solution technique ne rende une personne captive : celui *à la portabilité de ses données et contenus* (ils doivent pouvoir être déplacés d'un outil à un autre, au choix de l'individu concerné) ; un *droit à l'interopérabilité* (les outils doivent pouvoir communiquer entre eux). De tels droits assurent une mobilité effective des contenus chez différents opérateurs et encouragent ainsi une saine concurrence qui participe à un meilleur partage de la valeur. Toutefois, l'expérience du droit d'auteur invite à la circonspection quant à tout mécanisme de régulation *ex post*. La reconnaissance étriquée d'un droit à l'interopérabilité est restée pour une large part incantatoire ; la force de l'opérateur détermine, en pratique, l'étendue du standard. Par conséquent, cette libre circulation numérique doit, si on veut la promouvoir effectivement, passer par des moyens plus radicaux, et *internaliser la « servitude » de mobilité des contenus*, en amont, au sein même de la technique. Il s'agit d'imposer des standards ouverts, des solutions issues de l'univers des logiciels libres, de fixer dans la loi les contraintes de la *privacy by design* et non d'abandonner le choix de la règle technique et des contraintes induites aux seules forces du marché. Enfin, il convient de soutenir et de promouvoir toutes les initiatives de reprise technique de contrôle, par les producteurs de contenus, de leur « production » lorsque ce contrôle est détourné par les plates-formes ou autres opérateurs concentrés.

Le contrôle juridique de l'affectation

Du point de vue du contrôle juridique cette fois, il n'est pas nécessaire de convoquer le droit de propriété et de qualifier l'information de « biens » pour justifier que celui qui en est à l'origine dispose – pour un moment au moins – d'une capacité de rétention ou de mise à disposition. *Il faut lui reconnaître un droit d'autoriser la mise en circulation.*

LE CONSENTEMENT INAUGURAL

Cette figure existe déjà dans le droit d'auteur sous la forme du droit de divulgation, prérogative morale de l'auteur qui lui confère le pouvoir exclusif de décider où et comment il va livrer son œuvre au public. Mais, même lorsque l'information n'est pas protégée par la propriété intellectuelle, il faudrait étendre cette prérogative : le secret permet d'exercer un contrôle jusqu'à la révélation de l'information ; par la suite, il serait possible de moduler les usages de celle-ci *via* le contrat (sur le modèle du transfert de savoir-faire, ou de l'accord de confidentialité). Par exemple, s'agissant des données à caractère personnel, il importe de renforcer le consentement inaugural de la personne concernée par le traitement.

Arrêtons-nous précisément sur ce marqueur de l'autodétermination informationnelle que compose le consentement. Dans les textes en vigueur (comme dans le projet de règlement européen), son rôle demeure passablement ambigu : il est une cause de légitimation d'un traitement de données, certes, mais une parmi d'autres (celles-ci étant l'existence d'une obligation légale à la charge du responsable du traitement ; la nécessité pour la sauvegarde de la vie de la personne concernée ; l'exécution d'un contrat auquel la personne concernée est partie ou encore l'exécution d'une mission d'intérêt général). L'exigence du consentement peut ainsi disparaître devant la très problématique justification de poursuite des « intérêts légitimes (du) responsable du traitement » : problématique car il est légitime, pour un opérateur lambda, de chercher à faire du profit et de fonder ainsi ses collectes. Or assurer l'équilibre entre l'individu et l'infomédiaire suppose de ne pas complètement dessaisir le premier au profit du second mais, au contraire, de garantir ce contrôle inaugural dans les mains de la partie faible. C'est donc par exception que l'on devrait se passer de ce consentement préalable. Certes, l'on peut douter que, en pratique et au vu du déséquilibre des forces en présence, ce consentement se résume à autre chose qu'une case cochée de façon automatique pour accéder à des services ou des pages hautement désirés. C'est pourquoi il faudra mettre en relation cette difficulté avec le quatrième pilier, que nous allons exposer ci-dessous : la négociation collective des usages.

En outre, la délivrance de l'autorisation inaugurale par l'individu, condition préalable de la circulation de l'information dans le circuit économique, doit s'accompagner d'une détermination du cadre de traitement de l'information auquel les tiers pourront procéder. De cette manière, les hypothèses d'affectation seraient précisées, identifiables et opposables à tous. L'idée, exprimée dans le principe de finalité en droit des données personnelles ou de droit de destination en droit d'auteur, doit être accompagnée de garanties de mise en œuvre effective. La prescription du cadre ne doit pas être dictée par les termes du contrat « imposé » par l'opérateur en position de force économique, à défaut de quoi la force obligatoire du contrat viendrait inéluctablement priver l'individu de tout contrôle. Le droit français le dit déjà, au travers de la figure de l'ordre public. Mais l'ampleur de la dissémination et le caractère international des échanges fragilisent grandement l'édifice. En outre, sur le plan économique, il est difficilement concevable de jongler avec des cadres d'intervention spécifiques à chaque individu quand il s'agit de procéder à des traitements de masse.

Il convient donc de résoudre cette tension entre l'intérêt pour l'individu de déterminer l'affectation de ses contenus numériques et les exigences de sécurité juridique des opérateurs économiques qui en assurent la circulation. Plusieurs voies très différentes sont envisageables à cet égard qui peuvent influer de diverses manières sur les termes de l'échange. Citons en vrac : la systématisation des cadres du contrôle ; son abandon volontaire ou légal ou, au contraire, sa reprise en main périodique ; la garantie de remontée des revenus ou le renoncement à la rémunération... L'éventail des solutions est ouvert et peut varier au gré des intérêts en présence, de l'organisation des acteurs et de la nécessité d'une intervention publique régulatrice.

LES VOIES DU CONTRÔLE JURIDIQUE

S'agissant des mécanismes de *systématisation des cadres de contrôle,* une solution a été apportée par les mouvements dits du « libre[8] » grâce à l'utilisation d'une licence délimitant, *a priori* et à l'intention de tous, les conditions d'utilisation de la ressource. Cette voie a été suivie depuis longtemps par diverses communautés qui ont choisi de

8. V.-L. Benabou, « Le libre », *in Les Concepts émergents en droit des affaires*, LGDJ, 2010, p. 57.

subvertir le paradigme de la propriété intellectuelle pour en proposer un exercice alternatif et non exclusif. Le concept de « logiciel libre » est apparu dans les années 1970 aux États-Unis (spécialement au MIT et dans les discours et manifestes de Richard Stallman) et la philosophie du mouvement s'est progressivement étendue depuis à d'autres œuvres que le logiciel[9], aux résultats de recherches (*open knowledge*) et aux données publiques (*open data*).

Par la licence, celui qui est à l'origine de l'information décide de laisser la ressource ouverte aux usages, aux copies, modifications et réutilisations[10] de ceux qui l'acceptent. En contrepartie, l'adhésion à un contrat standardisé (comme la GPL, *general public license*) s'impose à quiconque réalise cet usage, l'utilisateur devant souvent, mais pas systématiquement, répercuter les termes de la licence à ses propres retraitements du contenu numérique (clause dite *copyleft* assurant la « viralité » de la licence). La plupart du temps, ces licences conduisent à un renoncement inaugural de l'exclusivité du donneur de licence et interdisent aux utilisateurs en aval de réintroduire toute forme d'exclusivité sur l'objet concédé (licences libres par opposition à l'*open source*). Elles ne s'accompagnent pas, en principe, d'un échange monétaire direct ; le donneur de licence, en concédant l'autorisation à titre gratuit renonce,

9. M. Clément-Fontaine, *L'Œuvre libre*, Larcier, 2014.

10. P.-A. Mangolte, « Les communs du logiciel libre », ANR-Propice, 2010, http://www.mshparisnord.fr/ANR-PROPICE/docus-pdf/Communs_logiciel_libre-Mangolte-v1.pdf.

par exemple, aux redevances d'exploitation normalement liées à cette autorisation.

La gratuité de l'accès n'est toutefois pas exclusive de l'activité commerciale et n'empêche pas l'existence d'un marché en aval (vente des produits résultant de l'innovation ou services associés[11], maintenance applicative, agrégation ou réalisation de contenus dérivés). En outre, la mise en commun des améliorations des objets circulant profite à la communauté des personnes ayant adhéré à la licence, l'innovation induite constituant un véritable objet de spéculation. Dans le système du « libre », les participants acceptent et organisent l'irréversibilité de la mise à disposition du contenu dans un cadre déterminé et ils trouvent la compensation à ce dessaisissement dans des activités dérivées. Le mécanisme permet d'introduire une certaine fluidité dans la circulation des contenus numériques, notamment grâce à l'identification du référentiel juridique commun de la licence souvent déclinée au plan international, véritable constitution de l'organisation de la communauté et modèle comportemental. Il a prouvé son efficacité tant par le développement économique du secteur du logiciel libre que par le faible nombre de contentieux, et il est d'ores et déjà déployé sur des objets informationnels qui n'ont pas le statut d'œuvres (*open data*).

11. Red Hat comptabilisait, en 2007, 200 millions de ventes et 45 millions de dollars de chiffre d'affaires. Voir le rapport du CSPLA, J. Farchy, V.-L. Benabou et D. Botteghi (rapporteurs), *La Mise à disposition ouverte des œuvres de l'esprit*, juin 2007, disponible sur le site du CSPLA.

D'aucuns réclament son extension aux produits rentables issus d'un financement participatif. Il faut préciser que cette exigence rencontre de forts conflits de logique entre, d'un côté, l'intention altruiste qui a guidé les producteurs d'information – les financeurs pas ou peu intéressés – et, de l'autre, le caractère commercial de l'activité de ceux qui l'agrègent. De plus en plus, en effet, des problèmes se posent lorsqu'un projet collectif, financé sans esprit de gains par la communauté impliquée, est à l'origine d'amples retombées économiques. Certaines cessions d'entreprise, créées par financement participatif, et opérées pour des prix faramineux, ont permis de mesurer ces déséquilibres. En mars 2014, par exemple, Facebook a racheté 2 milliards de dollars Oculus, une société créatrice d'un casque de réalité virtuelle (le Rift), dont le lancement fut financé en 2012 grâce aux dons de quelque 9 500 personnes *via* une plateforme de financement participatif (la somme totale réunie s'était élevée à 2,4 millions de dollars). Les donateurs sont aujourd'hui organisés dans une communauté... de déçus... et beaucoup se demandent si le résultat est bien équitable et si un meilleur partage de la valeur ne pourrait pas être trouvé. Pour répondre à la difficulté, d'aucuns proposent de lier financement participatif et licences libres, que ce soit en matière de financement de contenus culturels ou de lancement d'inventions technologiques : le public qui a participé au financement ne devrait pas, *a minima,* avoir à payer pour bénéficier de l'œuvre ou de l'invention, contrairement à ce qu'on lui a demandé pour le film *Veronica Mars* de Rob Thomas, par exemple, financé par *crowdfunding*, ou le casque Rift (dont l'inventeur avait d'ailleurs laissé entendre qu'il pourrait se ranger à une solution en *open source*).

Toutefois, le modèle des licences libres présente des faiblesses : le contrat qui soutient la mise en commun de la ressource informationnelle ne peut pas lier des personnes qui n'y ont pas consenti ; celles-ci peuvent donc ne pas le respecter et ne pas suivre les règles de la communauté d'utilisateurs. Elles seront alors sanctionnées par la mise en œuvre de la propriété intellectuelle classique, d'où l'on voit que les règles de la communauté ne sont que partiellement efficaces. Par ailleurs, les finalités de certains de ces contrats de mise en commun sont résolument limitées à une optique non marchande. Lorsque des contenus font l'objet d'exploitations commerciales, on retombe dans les règles ordinaires de la propriété intellectuelle (avec les protections qui s'y attachent), étant précisé que la ligne de partage n'est pas aisée à tracer[12] lorsqu'il s'agit de contenus mis en ligne gratuitement mais occasionnant des revenus indirects. Enfin, la multiplication des licences de mise en commun et l'absence d'unité de leurs termes rendent souvent délicate l'identification du périmètre des utilisations consenties sur des objets complexes, croisant

12. M. Pawlo, « What is the meaning of non-commercial ? », *in* D. Bourcier (dir.), *La Création comme bien commun à l'ère numérique*, Romillat, 2004 ; rapport *Defining Non Commercial*, septembre 2009 : http://wiki.creativecommons.org/Defining_Noncommercial.

des contenus gouvernés par des licences différentes. Dans ces circonstances, l'intérêt du standard contractuel s'étiole. Ce n'est en réalité que par la prédation d'une licence sur une autre (notamment par les clauses de viralité) qu'il est loisible d'isoler un corps de règles stables et ce n'est que si la licence ouvre aux membres l'ensemble des usages commerciaux qu'une véritable exploitation économique partagée des contenus est possible. À défaut, seuls certains usages sont libérés collectivement quand l'exploitation commerciale, elle, nécessite la négociation au gré à gré.

D'autres schémas existent, fondés sur l'idée que la mise à disposition d'un contenu sur le réseau déclencherait une *présomption de renonciation totale ou partielle au contrôle* de sa circulation. Des acteurs tels que La Quadrature du Net préconisent l'instauration sur Internet d'un mécanisme d'*épuisement du droit* inspiré d'un principe de droit d'auteur propre à l'univers tangible. Par ce biais, la mise en ligne volontaire d'un contenu autoriserait, par défaut, certains échanges libres de ce contenu (partage, prêt, don...) sur une base altruiste, tandis que d'autres, marchands, demeureraient sous le contrôle du titulaire[13]. Bien que non reconnue en tant que telle par le droit positif, cette idée semble néanmoins inspirer certaines décisions récentes de la CJUE (*Svensson, Bestwater*) ayant, par exemple, considéré que la mise à disposition d'une œuvre sur Internet,

13. https://www.laquadrature.net/fr/elements-pour-la-reforme-du-droit-dauteur-et-des-politiques-culturelles-liees#partagenonmarchand.

sans restrictions techniques d'accès, permet à quiconque de la référencer par le biais de liens sans avoir à demander préalablement l'autorisation au titulaire.

Ce que l'on dénomme l'« opt-out » s'inscrit dans la même perspective : à défaut de manifester expressément une opposition, le contenu est présumé être de libre usage. Ainsi, un traitement de données personnelles serait accepté en principe, sauf à s'y opposer expressément par exemple en cochant une case pour formaliser ce refus. Ces mécanismes dessinent ainsi des modalités de perte – permanente ou temporaire – de contrôle de l'affectation par celui qui est à l'origine du contenu. *A priori* favorables aux opérateurs, ces solutions peuvent toutefois s'avérer à l'étude plus complexes dans leurs effets. Ainsi Fabrice Rochelandet[14], un économiste spécialisé dans l'étude du marché des données, a-t-il démontré que dans ce domaine la mise en œuvre de l'opt-out, lorsqu'elle est autorisée, entraîne des coûts de revirement décisionnel très élevés et n'apparaît donc pas nécessairement comme une panacée systématiquement plus efficace et rentable que les mécanismes d'autorisation formelle.

L'idée d'une abdication du contrôle individuel trouve un écho dans une approche plus purement « collectiviste », adaptée à l'enchâssement des objets numériques entre eux. *De privative, la propriété deviendrait « ampliative »* : le rapport d'appropriation se diluerait à mesure que la chose se

14. F. Rochelandet, *Économie des données personnelles et de la vie privée*, La Découverte, coll. « Repères », 2010, p. 97.

transformerait, au profit d'un rapport d'appartenance à une communauté souveraine. Cette analyse, en large part prospective, est exprimée à propos des données personnelles sous la figure des communs[15], dont le contenu encore flou nécessiterait des clarifications[16] ; elle est également présente dans les appels visant à instaurer une définition positive du domaine public intellectuel/informationnel.

S'agissant de cette dernière notion[17], l'idée serait d'instaurer un mécanisme légal consacrant un principe de non-appropriation, opposable à tous. Le système pourrait être étendu à un « domaine public consenti[18] » : une garantie serait offerte à celui qui choisirait délibérément d'y verser un contenu pour que l'affectation au domaine public soit respectée par tous. Le partage de la valeur serait ainsi obtenu par cette « libération » des contenus, que tous

15. En ce sens, P. Bellanger, *La Souveraineté numérique*, *op. cit.*

16. J. Rochfeld, « Quel modèle pour construire les communs ? », *in* B. Parance et J. de Saint Victor (dir.), *Repenser les biens communs*, CNRS Éditions, 2014, p. 103.

17. S. Dusollier, *Étude exploratoire sur le droit d'auteur et les droits connexes et le domaine public*, rapport établi pour l'OMPI, avril 2010, spéc. p. 74 ; S. Dusollier, V.-L. Benabou, « Draw me a public domain », *in* P. Torremans (éd.), *Copyright Law : A Handbook of Contemporary Research*, Edgar Elgar, 2007, p. 161-184 : http://works.bepress.com/severine_dusollier/5 ; P. Lescure (dir.), *Contribution aux politiques culturelles à l'ère numérique*, rapport au ministre de la Culture et de la Communication, mai 2013, spéc. p. 448 et fiche C-12 : http://www.publicdomainmanifesto.org/french.

18. Voir M. Clément-Fontaine, *L'Œuvre libre*, *op. cit.*, et « Faut-il consacrer un statut légal de l'œuvre libre ? » (*Propriété intellectuelles*, janvier 2008, n° 26), qui défend le concept de « domaine public consenti ».

pourraient exploiter, à la condition expresse que personne ne se les réserve. Le mécanisme, séduisant, nécessite toutefois une forte organisation des communs et de leur accès, afin d'éviter leur appauvrissement[19]. À l'heure actuelle, ces propositions n'en sont qu'au stade d'ébauche. En outre, elles ne peuvent devenir le seul modèle de référence, sauf à risquer de dissuader la création de valeur par les acteurs économiques fragiles et à laisser libre cours aux seules forces du marché pour sculpter l'offre.

Aux antipodes de cette tendance à l'affectation autoritaire et collective des contenus par la loi, le contrôle de l'affectation pourrait également se réaliser via *la mise en place de procédures de réaffirmations périodiques du consentement inaugural* ou d'un « droit à l'effacement cyclique de l'ensemble des données détenues par la plate-forme, qui suivrait un rythme de péremption moyen des données[20] ». Ce maintien du lien entre le contenu numérique et son « géniteur » s'est également manifesté lors de la retentissante consécration d'un droit à l'oubli numérique (ou plus exactement au déréférencement), par la CJUE, le 13 mai 2014, dans l'affaire communément appelée *Google Spain c/ Costeja*. En enjoignant Google d'ouvrir la possibilité à un internaute de faire retirer certaines de ses données personnelles des listes de résultats, dès lors que les informations en cause, bien

19. Le risque d'une tragédie des communs numériques n'est pas à exclure dans la mesure où le même contenu ne peut pas être infiniment réexploitable, faute d'intérêt du marché.

20. CNN, avis 2014-2, *op. cit.*, fiche 2, p. 34.

qu'exactes, apparaissaient « inadéquates, non pertinentes ou excessives au regard des finalités du traitement », « qu'elles (n'étaient) pas mises à jour ou qu'elles (étaient) conservées pendant une durée excédant celle nécessaire », la Cour a fait plus que mettre en œuvre les droits de retrait ou de rectification qui semblaient exister jusqu'alors. Elle a ouvert la porte à un véritable contrôle dans le temps des usages de certaines données, possibilité dont usent avec passion les internautes européens depuis la mise en œuvre du formulaire de retrait par Google, c'est-à-dire depuis le 29 mai 2014 (en octobre 2014, on comptait 142 000 demandes de retrait, visant plus de 490 000 URL indexés par Google, les demandes venant majoritairement de France, puis d'Allemagne, puis d'Italie, d'Espagne et du Royaume-Uni).

De tels mécanismes pourraient prospérer, y compris à l'ère du *big data*. On fait valoir que ces analyses de données à grande échelle s'effectuent pour des finalités variées, changeantes au fil du temps ; on ajoute qu'on ne pourrait s'y embarrasser du consentement ou d'un contrôle de la finalité. Concevable pour les traitements statistiques, cette affirmation ne peut pas l'être – et il faut saluer le Conseil d'État de le dire – pour les analyses qui conservent un lien entre la donnée et la personne[21]. Mais leur mise en œuvre serait compliquée par la multiplication des prétentions individuelles, raison pour laquelle ce type de contrôle devrait sans doute être accompagné de solutions collectives.

21. Conseil d'État, *Numérique et droits fondamentaux*, *op. cit.*, p. 18.

LES CLÉS DE LA RÉPARTITION DE LA VALEUR

Que dire enfin de la vocation au partage des revenus et à leurs clés de répartition ? Là encore les solutions sont multiples. La négociation d'une rémunération en contrepartie de l'autorisation d'usage ne peut pas s'apparenter à une alternative à la propriété intellectuelle puisqu'elle en constitue, au contraire, toute la raison d'être. Force est d'admettre pourtant que, pour éviter les coûts de transaction liés à l'exploitation d'un répertoire (constitué de milliers d'auteurs et de millions d'œuvres) le mécanisme a depuis longtemps été collectivisé, *via* la gestion collective (administrée par des sociétés civiles comme la Sacem ou la SACD), ce qui a conduit à une certaine forfaitisation des rémunérations et à des systèmes de répartition complexes opérés par l'organisme gestionnaire placé sous le contrôle d'autorités publiques. Lorsque les conditions d'exploitation sont trop complexes, cette gestion collective peut même être rendue obligatoire et les clés de répartition fixées par la loi. De tels outils sont-ils généralisables pour d'autres types de contenus numériques ? Pourrait-on imaginer disposer d'un portefeuille d'informations/de données personnelles dont la gestion serait confiée à une entité collective chargée de négocier une rémunération d'ensemble forfaitisée ? Faut-il, au contraire, dissocier la rémunération du contrôle et mettre en place des mécanismes de « compensation », de licence globale, de contribution créative, voire de taxes affectées dont le prélèvement s'imposerait et dont la répartition serait autoritairement décidée par la loi ?

La voie fiscale explorée dans les rapports Colin et Collin[22], puis Lescure, est également envisageable. Le partage de la valeur pourrait s'établir sur la base d'une fiscalité relocalisée, appuyée sur le rôle central joué par les données et le « travail gratuit » des utilisateurs. Le rapport Colin et Collin envisageait précisément, dans un parallèle avec le principe « pollueur-payeur » qui sous-tend la fiscalité environnementale, que soit adopté un principe « prédateur-payeur » : il s'agirait de taxer la captation exclusive des données chez l'opérateur qui se réserve le plein contrôle de ces dernières et en empêche toute réutilisation personnelle par les personnes « sources ». La fiscalité servirait ainsi d'incitation à ouvrir le marché des données à la concurrence, tout en visant à assurer une redistribution nationale des revenus d'exploitation lorsque cette concurrence n'est pas effective.

22. P. Collin, N. Colin, mission d'expertise sur la fiscalité de l'économie numérique, http://www.economie.gouv.fr/files/rapport-fiscalite-du-numerique_2013.pdf.

L'accroissement de la représentation et des actions collectives

Quatrième variable d'équilibre : la prise en compte, par le droit, de la multitude à travers la collectivisation de la représentation et des actions en justice. Assurer le partage effectif de la valeur entre les individus d'une part, et les grands opérateurs d'autre part, suppose en effet de promouvoir les techniques juridiques de représentation et d'action collectives, pour deux raisons. La première tient à ce que la valeur des données/informations/œuvres provient du collectif : pour les opérateurs, les données ne composent un matériau appréciable que groupées ; les informations s'agrègent et les œuvres s'utilisent par répertoire. Le « groupe » peut donc avoir des revendications à porter. La seconde raison gît dans les rapports de force du secteur, passablement déséquilibrés : seule l'organisation collective des individus peut faire face à la puissance des grands opérateurs.

La négociation doit donc être collective, tout d'abord, *via* des mécanismes de représentation. Les précédents existent. Un mécanisme de représentation s'exerce ainsi en droit d'auteur, à travers les sociétés de gestion collective : par l'agrégation des œuvres d'une multitude de membres, celles-ci disposent d'un poids renforcé dans la négociation et la défense des droits des titulaires, face aux exploitants. On peut songer également à s'inspirer du droit de la consommation pour mettre en place des outils de représentation collective. Il n'y aurait donc « qu'à » étendre ces modèles. Ainsi, en matière de contrôle des données personnelles, on pourrait suivre Antonio Casili, sociologue spécialiste de ces questions, qui plaide pour un nouveau modèle de « *privacy* en tant que négociation[23] ». On écoutera également l'écho de cette idée, murmurée outre-Atlantique par Melanie Swan, qui incite les internautes américains à devenir, collectivement, des sujets actifs : « Quand nous laissons une entreprise s'emparer de nos données personnelles, explique-t-elle, nous effectuons une transaction, nous livrons une matière première qui a de la valeur. Or nous n'avons aucun pouvoir de négociation, nous acceptons les conditions imposées par l'industrie. » Et de tracer le même chemin que celui proposé par Antonio Casilli : « Je pense que les internautes vont s'unir et s'organiser pour défendre leurs intérêts en tant que fournisseurs de données. Pour cela, ils vont s'inspirer des associations de défense des consommateurs, ou même des syndicats ouvriers. Seule une réponse collective et solidaire pourra rétablir l'équilibre. »

Les mêmes préoccupations pourraient s'étendre aussi à l'égard des créations dont les utilisateurs sont à l'origine (UGC). En l'état actuel, ces contenus sont souvent soumis aux seules conditions générales d'utilisation des plates-formes et leurs auteurs ne tirent que peu, ou pas, de revenus de leur mise à disposition. Des mécanismes de représentation

23. A. A. Casilli, « Contre l'hypothèse de la "fin de la vie privée" », *Revue française des sciences de l'information et de la communication*, 2013, n° 3.

collective des « consommacteurs » pourraient voir le jour. Enfin, ce type de représentation du groupe devrait atteindre les rives du *crowdfunding* afin que soit délibéré, en amont, le devenir des profits susceptibles d'être générés par la création soutenue ou des usages qu'elle ouvre.

Mais il faut aussi faciliter des actions collectives. En l'absence de sanctions, toute mise en œuvre effective des droits demeure illusoire. Par exemple, dans le champ des données personnelles, le constat est frappant : peu d'internautes ont, pour l'heure, manifesté de l'intérêt en justice pour ce matériau qu'ils produisent, à l'exception de Maximilian Schrems, cet étudiant autrichien, devenu avocat, qui mène de multiples actions contre Facebook. C'est que les intérêts en jeu, dans les litiges individuels, sont trop faibles pour justifier le coût d'une action (et que les autorités de contrôle comme la CNIL se sont imposées comme des recours gratuits). Il est évident que, comme toute la matière consumériste, le terrain est plus propice pour les actions collectives. La loi française relative à la consommation dite « Hamon », du 17 mars 2014, ne les permet encore pas dans ce domaine (ne visant que les dommages matériels) ; il faut donc plaider pour une ouverture de ces actions en la matière[24]. Plus généralement, la voie des actions collectives doit être poussée au plan européen.

---

24. Dans le même sens, Conseil d'État, *Numérique et droits fondamentaux, op. cit.* ; « L'union fait la force », éditorial de Corpus Consultants : http://www.corpus-consultants.com/index.php?sujet=56&lang=fr&part=4.

Conclusion

Le partage équitable de la valeur à l'ère numérique appelle de nouvelles solutions juridiques. Mais, plutôt que de brandir, de façon incantatoire, le talisman de la propriété exclusive qui montre ses limites au regard des objets à saisir, il convient de réfléchir, sans prétentions théoriques et de manière pragmatique, aux instruments appropriés pour opérer un redressement des asymétries de l'univers numérique : asymétrie entre la multitude des producteurs d'une valeur diffractée et l'extrême concentration des opérateurs qui l'agrègent ; asymétrie entre l'intérêt individuel des personnes à déterminer le degré d'exposition de « leurs » traces/contenus et l'intérêt économique du traitement global de ces données/contenus pour fournir des services innovants.

Dans ce but, on a synthétisé quelques voies explorées ou en cours d'exploration pour résoudre cette délicate équation. Une solution souhaitable passe, selon nous, par une repondération des forces, au profit de l'individu producteur ; de ce que l'on appellera, de manière nécessairement maladroite et approximative, les contenus numériques « bruts » face aux infomédiaires, pourvoyeurs de contenus retraités et enrichis. Pour cela, il convient, au bénéfice du « petit », d'imposer un renforcement de la transparence des usages des contenus dont il est volontairement ou non à l'origine ; de le mettre en capacité de maîtriser effectivement et techniquement son environnement numérique et ces contenus ; de déterminer et choisir les outils lui permettant d'exercer un contrôle juridique de l'affectation et de la destination desdits contenus. Enfin, pour prendre la mesure de la multitude, il faut accompagner toute intervention en ce domaine d'un accroissement de la représentation et des actions collectives car l'action solitaire est, sauf exception, vouée à l'échec et ne correspond pas, dans de nombreuses hypothèses, à la texture des contenus. Conjuguées, ces initiatives devraient permettre de poser les termes d'un échange plus équilibré entre les nains et les géants et d'une concurrence loyale entre les opérateurs.

Le philosophe Michel Serres identifie le nouvel humain connecté dans la figure de la Petite Poucette[1] (de l'utilisation des pouces pour écrire un texto comme rituel de passage propre à cette génération) et l'image est jolie.

1. M. Serres, *Petite Poucette*, Le Pommier, coll. « Manifestes », 2012.

Mais, comme dans le conte, la Petite Poucette ne pourra échapper aux ogres informationnels qu'en chaussant ses bottes de sept lieues ; le droit est en marche mais doit hâter son ouvrage (de cordonnier) pour éviter la dévoration de la valeur sur Internet et faire en sorte que le clic profite à tous.

DANS LA MÊME COLLECTION

Paul Cassia, *Conflits d'intérêts. Les liaisons dangereuses de la République.*
Martin Collet, *L'Impôt confisqué.*
Pascal Lokiec, *Il faut sauver le droit du travail !*
Étienne Pataut, *La Nationalité en déclin.*

Composition et mise en pages
chez NORD COMPO (Villeneuve-d'Ascq)

Achevé d'imprimer en avril 2015 sur rotative numérique Prosper
par Soregraph à Nanterre (Hauts-de-Seine).

Dépôt légal : mai 2015
N° d'édition : 7381-3264-X
N° d'impression : 14445

Imprimé en France

L'imprimerie Soregraph est titulaire de la marque Imprim'vert® depuis 2004.
Ce livre est imprimé sur papiers issus de forêts gérées durablement.